LE MIROIR BRISÉ

SIMONE SAUSSE

LE MIROIR BRISÉ

L'enfant handicapé,
sa famille et le psychanalyste

Calmann-Lévy

ISBN 2-7021-2582-4

Introduction

Que vers un cœur brisé
Nul autre ne se dirige
Sans le haut privilège
D'avoir lui-même aussi souffert.

Emily DICKINSON

Le handicap choque. Surtout celui, insupportable, scandaleux, du petit enfant. On en parle très peu ; et lorsque nous nous trouvons face à un jeune enfant porteur d'un handicap, notre première réaction n'est-elle pas de détourner le regard ? Dans la plupart des cultures, le handicap de l'enfant fait l'objet d'un vaste tabou. Et dans notre société occidentale l'attention à l'enfant déficient n'est apparue que très récemment. Silence, gêne, non-dit ; le temps n'est pas loin où l'on cachait un enfant trisomique ou handicapé moteur à ses voisins. Actuellement, les enfants handicapés sont l'objet, à la fois, d'une fascination (on en parle plus souvent qu'autrefois dans les médias), mais aussi d'un rejet, persistant et honteux. Ils sont « orientés » vers des centres spécialisés ; il y a peu d'études sérieuses à leur sujet ; en dehors de leurs proches et de quelques spécialistes, qui s'intéresse à eux ?

Le handicap décourage. La réalité biologique a des conséquences irréversibles qui contraignent à abandonner pour une large part l'espoir d'une guérison. Le caractère irrémédiable du handicap a pour effet de briser l'élan thérapeutique, voire de faire perdre tout interêt pour ces enfants.

Le handicap inspire l'ennui. Il évoque le bénévolat, les dames patronnesses, les associations de bienfaisance, la charité. Il suscite de bonnes intentions... mais on sait que l'enfer en est pavé.

Cet enfant pas « comme les autres » suscite un malaise. L'enfant aveugle ne nous voit pas ; l'enfant sourd ne nous entend pas ; l'enfant trisomique ne nous comprend pas bien ; l'enfant psychotique a des réactions bizarres ; l'enfant handicapé moteur a des mouvements incontrôlés. Ces comportements nous déconcertent. Ils dérangent nos modes habituels de communication. Comme nous ne savons pas de quelle manière il nous perçoit, nous ne savons pas de quelle manière l'aborder. Comment l'enfant peut-il se situer par rapport aux autres lorsque les autres le situent si mal ?

Mais surtout le handicap fait peur. Il nous confronte aux limites de l'humain, car il suscite des images d'anormalité proches de la bestialité ou de la monstruosité. L'enfant handicapé bouscule l'image idéale de l'enfance, que nous nous plaisons à imaginer. Enfance heureuse. Enfant parfait, qui est à la fois l'enfant que nous avons été et l'enfant que nous avons mis au monde ou que nous pourrions engendrer. C'est en cela que l'enfant handicapé fait peur, car son étrangeté révèle, comme dans un miroir brisé, notre propre étrangeté, que nous voulons ignorer. Peur des sentiments obscurs qu'il inspire ; peur de l'agressivité qu'il suscite ; peur de devenir comme lui.

Pour toutes ces raisons, on se détourne de lui.

Par conséquent, c'est une gageure d'intéresser des lecteurs à un sujet dont l'une des caractéristiques est justement qu'il fait fuir ceux qui s'en approchent. Pourtant, ce destin si particulier et si douloureux n'a-t-il pas une portée universelle ?

Mais d'abord de quels enfants parle-t-on en évoquant les enfants handicapés ? Le handicap réunit sous un même vocable des anomalies très variées : enfants trisomiques, enfants sourds ou aveugles, handicapés moteurs, enfants déficients mentaux, enfants atteints d'anomalies génétiques ou de maladies métaboliques, enfants privés de leurs moyens physiques et mentaux suite à un accident. Dans la terminologie médicale et sociale, ces atteintes de l'enfant sont désignées par le terme « handicap ». Mais le terme est vague et prête à confusion. Je parlerai, quant à moi, pour désigner l'ensemble des handicaps très divers dont sont atteints les enfants dont je m'occupe, d'une « atteinte invalidante à l'intégrité somato-psychique ».

La plupart des handicaps, en effet, atteignent globalement l'enfant dans son intégrité. Ils le touchent aussi bien dans son corps que dans son esprit, c'est-à-dire qu'ils ont des conséquences aussi bien somatiques que psychiques. Ce qui caractérise les enfants dont il sera question dans ce livre, c'est qu'ils sont entravés dans leur corps, leur développement, leur expression, leur intelligence, leur langage, leur autonomie et leur « devenir adulte ». Il s'agit non pas de décrire les particularités de chaque handicap, mais de rechercher ce qu'il y a de commun dans la façon d'être de ces enfants « pas comme les autres » et de leurs parents, et ce qui se cache derrières les peurs que suscite en chacun de nous cette atteinte de l'intégrité humaine.

Une fois dépassée la réaction de fuite — « ça n'arrive qu'aux autres » —, le handicap apparaît comme un sujet qui peut intéresser tout un chacun, même si on n'est pas directement et personnellement concerné par le problème. Alors nous nous apercevons, mais il faut des années pour cela, que cet enfant étrangement inquiétant ne nous est pas si étranger que cela.

1

Les humiliés de la parole

Une étrangère auprès d'enfants étranges

> *Ma voix / ne peut rien / contre ce brouhaha / qui nous assourdit / nous expulse de nous-mêmes / nous laisse hébétés*
>
> *mais si faible / et impuissante / qu'elle soit / je voudrais tant / pouvoir la prêter / aux humiliés / de la parole*
>
> *si longtemps / j'ai été l'un d'eux.*
>
> Charles JULIET

Cela fait une vingtaine d'années que je m'occupe, en tant que psychanalyste, d'enfants handicapés et de leurs familles. Je les ai rencontrés tantôt ponctuellement pour des consultations ou des entretiens, tantôt pour des psychothérapies psychanalytiques, qui peuvent se poursuivre pendant plusieurs années. La durée de ces suivis est très importante, car elle permet d'aller au-delà du premier choc traumatique de l'annonce du handicap. En effet, ce qui est intéressant, ce n'est pas la description quasi clinique de l'état psychique dans lequel le handicap plonge aussi bien un enfant que ses parents, mais c'est d'étudier leur évolution psychique et de les accompagner le long de ce chemin douloureux. Une telle approche s'appuie sur l'idée que tout être — aussi marqué soit-il par une fatalité — est un être en devenir.

Ces rencontres se sont déroulées dans un centre d'action médico-sociale précoce [1]. Les CAMSP proposent à des enfants de zéro à six ans porteurs d'un handicap, quel qu'il soit, mais qui entraîne dans la majorité des cas une invalidité importante, des prises en charge pluridisciplinaires en ambulatoire. L'une des caractéristiques de ces centres est d'associer étroitement les parents au traitement de l'enfant, et de prendre en compte le bouleversement et la souffrance que le handicap provoque dans l'ensemble d'une famille. De plus, ces équipes ont le souci d'appréhender tous les problèmes liés au handicap dans leur globalité. D'où la nécessité d'une équipe pluridisciplinaire, afin d'éviter un morcellement qui se révèle néfaste, surtout lorsqu'il s'agit d'enfants si jeunes.

Ce sont les aléas d'un itinéraire professionnel qui m'ont amenée à cette fonction et dans ce champ clinique. Rien, dans mon histoire, ne m'avait préparée à m'occuper de personnes handicapées. Cependant, si j'y suis restée, si je m'y suis intéressée, et même passionnée, j'ai découvert qu'il ne s'agissait pas d'un hasard. Ce n'est qu'après bien des années de pratique auprès de ces êtres sans langage — les enfants déficients, mais aussi leurs parents qui, sous le coup du choc, restent *sans voix* — que j'ai compris pourquoi je persistais à vouloir à tout prix entendre ceux qui ne parlent pas. Et

1. Le centre d'assistance éducative du tout-petit (27, rue du Colonel-Rozanoff, 75012 Paris) a été la première structure à proposer une action médico-sociale précoce aux enfants handicapés et à leurs familles. Il a été créé en 1971, dans le cadre de l'Entraide universitaire, par le Pr Richardet, pédiatre, Mlle Rapoport, psychologue, et Mme Lévy, kinésithérapeute. Ce centre a été agrée par équivalence à un CMPP (centre médical psycho-pédagogique), parce que le statut des CAMSP, issus de la loi d'orientation en faveur des personnes handicapées en date du 30 juin 1975, n'était pas encore officialisé. Depuis lors, de nombreux CAMSP ont vu le jour partout en France.

je me suis aperçue que la situation particulière de ces enfants que personne n'écoute ou ne comprend ne m'était pas si étrangère... Mon acharnement à me faire leur porte-parole ne pouvait qu'être le signe d'une implication personnelle qui dépasse l'intérêt qu'on peut porter en tant que professionnel à un champ clinique spécifique. Si je souhaitais tant prêter ma voix aux humiliés de la parole, n'avais-je pas été, moi aussi, l'un d'eux ?

L'expérience de l'étrangeté

Étrangère, comme eux, mais d'une autre manière, j'avais également été, à un moment de ma vie, privée de langage. Alors que j'étais âgée de dix ans, ma famille avait déménagé de mon pays natal, la Hollande, vers un pays francophone. Je fus plongée du jour au lendemain dans un milieu où ma langue maternelle n'avait plus aucun sens. Immergée dans une école française, où les mots qui se disaient autour de moi me restaient incompréhensibles et où les mots que je connaissais ne me servaient plus à rien. Inutiles. Inutilisables. Expérience d'étrangeté absolue, qui me laissait complètement désemparée.

Pendant la première année scolaire que j'ai passée dans cette école étrangère, la maîtresse racontait chaque jour un épisode du voyage autour du monde de Marco Polo. Je me souviens de cette femme grisonnante, célibataire, passionnée, une véritable institutrice à l'ancienne. Elle y mettait le ton, elle pleurait presque ; l'émotion et le drame transparaissaient à chaque épisode. Les élèves étaient suspendus à ses lèvres. Toute la classe vibrait au gré des aventures de Marco Polo. Tous, sauf moi. J'essayais désespérément de m'accrocher à un mot. Rien. Je n'y comprenais rien. Le ton de l'institutrice qui monte ou se fait chuchotant, les dialogues véhéments, les événements qui s'accélèrent. Tout m'échappait. J'étais seule, vraiment seule au milieu de ce groupe dont j'étais censée faire partie, mais dont je ne pouvais pas partager les émotions. Je porte toujours en moi avec acuité cette impression d'être exclue d'une vibration collective. Le sentiment d'une inguérissable solitude, d'un rejet sans appel, car il n'est pas délibéré, même pas intentionnel. On ne vous rejette pas ; vous n'en faites pas partie, c'est tout. Si vous ne parlez pas leur langue, vous êtes seul parmi eux.

Privée de ma langue, j'étais dans une situation analogue à celle des enfants privés de langage. Pour avoir été passagère, cette expérience n'en a pas été moins douloureuse. Et il m'en reste une affinité fondamentale avec celui qui est sans possibilité de communiquer avec les autres. Privé des moyens d'échanger ses émois et ses pensées. Blessé dans son identité. Seul, d'une solitude irrémédiable, car non partageable. J'en ai gardé aussi une sensibilité particulière à toutes les situations cliniques qui mettent en jeu les difficultés de communication, l'étrangeté, l'exclusion. J'en ai gardé surtout le désir d'aller à la rencontre de ceux qui, exclus du champ de la parole, ne sont pas écoutés. Les humiliés de la parole.

L'enfant handicapé et le psychanalyste

Jusqu'à présent la psychanalyse s'est fort peu intéressée au problème du handicap. Autant que les autres, plus que les autres peut-être, le psychanalyste se détourne du corps handicapé. J'ai déjà entendu, lors de réunions de synthèse, des analystes remettre en question une indication de psychothérapie pour un enfant handicapé avec des arguments du style : « Mais on ne peut pas envisager une psychothérapie puisqu'il a une étiologie organique. » Ils justifient ce refus ou cet évitement par des raisons théoriques qui permettent de rationaliser une réaction viscérale peu glorieuse. En fait, pour le psychanalyste, le handicap vient signer un double échec. Échec du désir de tout expliquer, car comment expliquer une anomalie chromosomique ou une maladie métabolique ? Échec de l'idéal thérapeutique, car un handicap provoque des troubles irréversibles.

Si le psychanalyste s'intéresse aux maladies organiques, c'est le plus souvent dans l'espoir de découvrir la dynamique psychique qui serait à l'œuvre dans la survenue de cette maladie. Il s'intéresse en revanche beaucoup moins à un patient atteint d'une maladie dont la dimension est plus physique et moins existentielle. Ainsi, l'infirme moteur cérébral athétosique, remué sans cesse par des mouvements spectaculaires et incontrôlés, aura du mal à trouver un psychanalyste qui veuille se mettre à son écoute. De même, pour bien des analystes, l'enfant atteint de trisomie 21, anomalie chromosomique inscrite dans son patrimoine génétique, ne pourrait pas bénéficier d'une psychothérapie. C'est comme si l'on pensait qu'il n'a rien à dire de son handicap. Mais plus étonnant encore : c'est comme s'il n'avait rien d'autre à dire non plus.

Pourquoi ces enfants, porteurs d'un handicap, suscitent-ils si peu d'intérêt ? Il est curieux de constater, par exemple, à quel point les enfants autistes attirent beaucoup plus l'attention et suscitent une passion possessive. Si l'autisme fascine, c'est peut-être parce que son étiologie reste mystérieuse et peut donc donner lieu à toutes sortes d'interprétations et inspirer les espoirs les plus fous de guérison. Mais l'enfant handicapé...

Lors de mes premières années en tant que psychothérapeute dans un centre où sont accueillis aussi bien des enfants handicapés que des enfants psychotiques, les deux étant souvent associés, j'étais moi aussi attirée par l'autisme. Puis, contrairement à d'autres, je me suis sentie gagner par une forme de désespoir face à cette énigme qui continuait à rester opaque, face aux résultats thérapeutiques minimes, et j'ai réalisé ma difficulté à m'identifier à ces enfants qui vous entraînent loin, très loin, dans les zones archaïques de la psyché, où pensées et rêves sont gelés. En revanche, sans m'y attendre, je découvrais d'étonnantes capacités d'élaboration psychique chez les enfants handicapés, même très démunis du point de vue du langage et des moyens intellectuels. J'allais de surprise en surprise à les suivre dans leur cheminement. Ils m'étonnaient par leur détermination à penser leur handicap et à se penser eux-mêmes, enfants marqués qui suscitent l'effroi des autres, objet de fascination et de rejet. Il m'apparaissait aussi qu'ils illustraient, malgré les limites dues à leur handicap, les mécanismes de la pensée dans leur origine et leur déroulement. Bref, j'ai cru rencontrer, à travers eux et la situation particulière qui est la leur, l'incroyable ingéniosité du psychisme humain à donner sens à toutes les formes du destin, aussi implacable qu'il paraisse.

À la rencontre de l'enfant « pas comme les autres »

La rencontre avec ces enfants marqués par une grave anomalie oblige à un renversement de perspective afin d'envisager leurs balbutiements, leurs gestes saccadés, leurs tremblements, leurs paroles hésitantes, leurs dessins malhabiles comme porteurs d'un message. Un message qu'un autre humain pourrait entendre et comprendre, au risque d'ébranler ses certitudes.

Lors de ces rencontres, je m'interroge.

Que puis-je pour eux ? La question n'est pas seulement : en quoi puis-je les aider ? Question trop moralisatrice. Reconnaître le handicap, cela veut dire ne pas le nier, ni en minimiser les conséquences, ni chercher à rassurer. Voir l'enfant handicapé tel qu'il est, avec ses déficiences, les bénéfices secondaires qu'il tire parfois de sa dépendance, l'agressivité et les revendications qu'il veut exprimer ; bref admettre sa personnalité, sa souffrance, le destin qui est le sien sans en faire une victime.

Qu'ont-ils à me dire ? Ils paraissent si éloignés de « l'enfant merveilleux », vif, intelligent, sociable, malicieux, drôle et charmant, que nous voyons étalé sur les pages des magazines. Cependant je persiste dans ma croyance : même s'ils ne parlent pas, ils ont des choses à dire. Ces enfants pas comme les autres sont surtout des enfants que personne n'écoute.

Comment peuvent-ils me le dire ? Ils sont plongés dans un monde dont ils ne possèdent pas la langue, sans moyens de s'exprimer, sans mots pour énoncer l'étrangeté qui marque leur existence. Avec eux, il faut aller à la pêche. Chercher les mots pour dire l'insupportable du corps atteint, l'injustice du destin, l'absurdité de la vie, le sens de leur histoire. Traverser le silence des chromosomes, la privation de langage, l'apparente absence d'émotions, le trop-plein de souffrance qui conduit au mutisme.

Où m'emmènent-ils ? Accepter de me laisser emmener par eux implique de renoncer à mes théories et aux idées toutes faites sur les enfants handicapés. Ne pas trop se fier aux études savantes sur le « profil psychologique » qui serait typique de tel ou tel handicap. Se méfier des idées reçues : « Les enfants trisomiques sont... » Éviter les généralisations : « La personnalité de l'enfant sourd. » Et ainsi de suite. Ces notions sont autant de pièges qui enferment les enfants dans des catégories préétablies et ne laissent guère de place à l'individualité. Or, d'avoir longuement écouté ces enfants, j'en ai retiré la conviction que tout être humain, aussi démuni soit-il, a une conscience de sa singularité qu'il cherche à faire reconnaître.

Je les ai abordés en tant que psychanalyste, imprégnée de l'idée fondamentale qu'apportent la pratique et la théorie psychanalytiques : il y a toujours quelque chose qui se dit, même dans le silence, et il y a toujours quelque chose à comprendre, même dans l'absurde. Ce serait comme un voyage qu'il faudrait aborder avec un authentique esprit de voyageur, c'est-à-dire d'ouverture, d'absence de préjugés, de disponibilité. Bref, se mettre dans l'état d'esprit de quelqu'un qui va apprendre quelque chose.

Ces enfants malformés ou déficients auraient donc quelque chose à nous enseigner ? Voilà une idée révolutionnaire. Plutôt que de les considérer inévitablement comme des êtres à réparer, marqués par une incomplétude qu'il faut masquer ou compenser, ils pourraient nous faire partager leur expérience existentielle particulière et nous amener à réfléchir aux questions fondamentales de l'humanité : l'origine, la filiation, la sexualité et la mort.

Et l'enfant lui-même, qu'a-t-il à dire de son expérience singulière ? C'est à cette dimension de l'identité, de l'étrangeté et de l'altérité que nous confrontent — ou faut-il dire nous invitent ? — les enfants handicapés. Les situations existentielles dont ils témoignent peuvent être généralisées à d'autres situations et à d'autres problématiques : la différence, la maladie, l'exclusion, l'immigration, le racisme. Leurs interrogations, quand on leur offre la possibilité de les formuler et qu'on veut bien les entendre à travers la forme déguisée qu'ils leur donnent, nous intéressent au plus près. Que pense-t-il — si on ne l'empêche pas de penser — et que dit-il — si on ne l'empêche pas de parler — de son handicap, de la réaction des autres, du regard effrayé et rejetant qu'il ne cesse de rencontrer ? Au risque d'être ébranlés dans notre propre intégrité, écoutons-le... Et ses parents, qu'ont-ils à dire de la douloureuse épreuve que leur impose la confrontation au handicap à travers leur enfant ? Au risque de nous mettre à leur place, écoutons-les...

2

Sans voix

La révélation du handicap

Que ferais-je sans ce monde sans visage sans questions [...]
que ferais-je sans ce silence gouffre des murmures [...]
sans voix parmi les voix enfermées avec moi.

Samuel BECKETT

Mme R. a mis au monde, à l'âge de vingt-six ans, son premier enfant, un petit garçon nommé Nassim. Sa grossesse s'était déroulée sans problème et elle accouchait en toute confiance dans une maternité où son mari pouvait assister à la naissance. Cependant...

« Ce silence gouffre des murmures »

Très peu d'instants après la naissance de l'enfant, elle perçoit un malaise dans l'attitude de l'équipe médicale. Pourquoi l'enfant a-t-il été emporté immédiatement après sa mise au monde ? La sage-femme répond évasivement à ses questions. « J'ai tout de suite compris que quelque chose n'allait pas, dira-t-elle des années plus tard, comme si j'avais su depuis toujours qu'un malheur devait arriver à mon enfant. » Mais elle met de côté cette impression et croit l'équipe de la maternité qui tente de la rassurer en lui expliquant qu'elle ne peut pas avoir auprès d'elle son enfant resté dans une chambre chauffante et que le médecin passera la voir ultérieurement.

Elle se retrouve seule, bizarrement seule, comme si tout le monde évitait de lui parler au-delà du strict nécessaire. Et pourquoi n'y a-t-il personne dans le deuxième lit de sa chambre, dans cette maternité si surchargée ? Son malaise s'accentue, mais elle ne parvient pas à se formuler ses inquiétudes. Un étrange flou s'empare de son esprit. Elle préfère s'accrocher aux réponses rassurantes qui lui ont été données.

Le lendemain matin, seule dans sa chambre, elle reçoit la visite du médecin-accoucheur accompagné du pédiatre et de deux autres personnes. « En voyant leur air gêné, j'ai été saisie d'un sentiment d'effroi. J'ai senti qu'à partir de cet instant rien ne serait plus comme avant... que tout allait basculer. » Et elle sait avant même qu'on ne le lui dise : son enfant est mongolien. Elle le sait, car en réalité cette pensée n'est pas nouvelle, pas étrangère. C'est une image qui lui a traversé l'esprit pendant la grossesse, comme cela arrive à toutes les femmes enceintes : « Et si mon bébé était anormal ? » Et puis encore pendant le bref instant après l'expulsion où elle a aperçu son bébé et a cru voir un visage marqué.

Les médecins disent à Mme R. qu'il faut attendre quelques jours le résultat du caryotype qui permettra de confirmer et de préciser le diagnostic. Elle sent chez eux une grande sympathie à son égard, une réelle compassion, mais aussi une certaine hâte, comme pour se débarrasser au plus vite de cette mission si douloureuse. On lui annonce le handicap de son enfant rapidement, sans lui laisser le temps d'intégrer des paroles prononcées. Les médecins lui demandent si elle a des questions... Poser des questions ? Comment pourrait-elle poser des questions ? C'était absurde. « Ils auraient dû savoir que j'étais sans voix. » *Sans voix*... En effet, atteinte au plus profond d'elle-même par la nouvelle que l'on vient de lui annoncer, Mme R. non seulement ne disposait pas de mots pour parler, c'est-à-dire penser logiquement afin de formuler des questions, mais, en état de choc, elle était privée de voix. La capacité même d'émettre des sons fait défaut dans une telle situation. Touchée dans la matière même de son être, dans la matérialité de sa parole. Proposer à ce moment-là de poser des questions est de la part du corps médical une grave méconnaissance des effets psychiques d'un tel traumatisme.

On lui demande si elle sait ce qu'est la trisomie 21 ? Elle sait, oui, bien sûr. Comme tout le monde. Mais qu'en sait-elle, au juste ? Des images lui traversent l'esprit. Un enfant mongolien vu dans un restaurant accompagné par une mère déjà assez âgée et à l'allure accablée. Elle se souvient surtout de la dévotion de cette femme qui semblait entièrement au service de son enfant, et la pitié qu'elle a ressentie. Un homme mongolien qu'elle voit régulièrement prendre le même autobus qu'elle, seul, capable de se déplacer de manière autonome, mais objet de tous les regards lorsqu'il composte son billet avec une certaine maladresse ou qu'il parle tout seul à haute voix. À l'époque, elle voyait cela de l'extérieur. Ce n'était pas son problème. Elle se sentait concernée, sans plus. À présent, elle est dedans. « À partir de ce jour-là, il y a eu un avant et un après. Ma vie était coupée en deux. »

Les médecins la laissent seule dans sa chambre avec ses larmes, pour « respecter son chagrin ». Cela, dira-t-elle plus tard, était impardonnable. On ne laisse pas seule une femme à un moment pareil. Même si on ne peut rien faire pour elle, rien changer à son malheur, une présence est indispensable. Mais les équipes de néonatologie sont formées pour l'action et l'urgence et sont beaucoup moins compétentes pour mettre en place un accompagnement au moment de la naissance d'un enfant à problème. Toutes les femmes ne souhaitent pas être entourées, certaines ont besoin de solitude ; il faut une certaine finesse psychologique pour percevoir la conduite à tenir avec chaque mère. Dans certaines maternités, les équipes réfléchissent, souvent aidées par des psychanalystes attachés au service, aux modalités de l'annonce du handicap. Mais dans d'autres l'urgence du soin médical ne laisse aucune place à la réflexion et à la parole. Par conséquent, face à cette situation à laquelle il n'est pas préparé, chaque soignant réagit en fonction de ses sentiments spontanés, pleins de bonnes intentions, mais peu contrôlés : la peur, la pitié, la fuite, le désir de soulager. Ces attitudes sont un évitement de la souffrance d'autrui, une façon de se débarrasser des émotions douloureuses que ce bébé handicapé suscite en chacun.

Des mots qui laissent des traces

Toutes les paroles dites autour du berceau de l'enfant s'inscrivent dans la mémoire des parents de manière indélébile. Combien de fois ai-je entendu des parents me raconter, avec une précision étonnante, le contenu de ces premiers entretiens avec les médecins ou le personnel soignant, en disant, des années après, comme Mme R. : « Je m'en souviens comme si cela s'était passé hier. » Sans cesse, ces paroles, ces images leur reviennent à l'esprit. « Je n'arrive pas à les chasser. Ils sont gravés en moi. Jusqu'à quand ? Je ne sais pas. Peut-être pour toujours. Il n'y a pas d'oubli possible. » C'est une des caractéristiques d'un événement traumatique de garder ainsi, au fil des années, une acuité que le temps ne réduit pas. La phrase est là, l'image, le souvenir ; le temps n'a pas d'effet sur eux. Le travail de la mémoire, qui est aussi la possibilité d'oublier, ne s'effectue pas.

Si les médecins connaissaient l'impact de leurs paroles sur le vécu ultérieur des parents, et par conséquent sur le devenir de l'enfant, ils seraient peut-être plus prudents. Ces mots-là marquent ; ils laissent des traces que le temps n'efface pas ; ils sont écoutés comme l'oracle de Delphes. « Il a l'air bien petit celui-là... ce sera une petite nature. » Sans parler des erreurs sur le sexe du futur enfant. Ce sont des mots qui peuvent rester attachés à une personne.

Mais, dans le cas de l'enfant normal, ces mots vont se conjuguer avec d'autres, lui permettant en quelque sorte de choisir parmi les portraits qu'on offre de lui les éléments avec lesquels il va composer son identité. Dans le cas d'un enfant porteur d'un handicap, ces paroles-là sont d'un poids particulier. La réalité du handicap introduit une rigidité qui fixe les mots.

À qui le dire ?

Mme R. était seule lorsque les médecins lui annoncèrent la trisomie 21 de son fils, son mari étant au travail ce matin-là et ne devant revenir que l'après-midi. Puis seule encore dans les heures qui ont suivi l'entretien avec le personnel de la maternité. C'est donc elle qui a dû annoncer à son mari que leur bébé nouveau-né était porteur d'une anomalie. En état de choc elle-même, elle est devenue de surcroît « messagère du malheur » pour son propre mari, le père de l'enfant. Et elle s'est trouvée dans la situation insupportable d'être seule détentrice de cette nouvelle, le père étant encore dans l'ignorance. Terrible solitude.

Souvent le médecin choisit d'annoncer le handicap au père seul, lui laissant le soin d'en parler à sa femme, parce qu'il craint la réaction d'une mère particulièrement anxieuse ou fragile psychologiquement. Imagine-t-on l'angoisse inhérente à cette situation ? Imagine-t-on ce que vivent ces parents pendant les heures où ils sont seuls à savoir pendant que l'autre, leur partenaire, celui avec qui ils ont procréé, désiré et attendu cet enfant, ne sait pas encore ? Il ne s'agit parfois que de quelques heures. Vu de l'extérieur cela ne paraît pas si important. Mais ce sont des heures qui valent des années. Tous les parents qui ont vécu cette situation en parlent, lorsqu'ils arrivent à en parler, parfois des années après, comme une expérience de l'horreur. « Ce qui m'est passé par la tête pendant ces heures-là, aucune plume ne peut le décrire. Jamais cette horreur-là ne me lâchera. Seule dans ma chambre, attendant la venue de mon mari que j'avais appelé au téléphone, sans rien lui dire encore, cherchant les mots pour lui parler, redoutant sa réaction, mais souhaitant en même temps sa présence », me raconte Mme R. La solitude amplifie le choc de l'annonce du handicap. La prise en considération des conséquences implique de mettre en place des aménagements de la situation, non pas pour amoindrir le choc — ce qui est bien sûr impossible — mais au moins pour en prévoir les répercussions et être prêt à y faire face. Sans autre ambition que d'offrir aux parents les conditions les moins mauvaises possibles.

D'après mon expérience — et des études faites à ce sujet le confirment —, l'annonce devrait se faire dans la mesure du possible en présence des deux parents. C'est leur donner de meilleures chances d'affronter, de supporter et de partager l'épreuve qui les frappe. C'est inscrire dès le début, dès les premiers mots, leur parentalité, qui sera si difficile à assumer. Leur enfant est handicapé, certes, mais c'est leur enfant ; ils sont père et mère de cet enfant. On s'adresse à eux en tant que couple de parents. Prendre la mère ou le père à part, c'est introduire une séparation, un clivage. « Si je suis seule à le savoir, ne suis-je pas seule responsable ? » se demandait Mme R.

Il faut au contraire favoriser le plus possible le partage des responsabilités, car il y a un mouvement spontané des parents à diviser la culpabilité : soit une culpabilité assumée entièrement seul, soit entièrement projetée sur l'autre, mais dans les deux cas elle n'est pas partagée et les conséquences sur le devenir psychologique de la famille sont dévastatrices. Dans le premier cas, l'un des parents s'attribue toute la responsabilité, par exemple lorsqu'il y a une transmission génétique, comme pour la myopathie de Duchenne. Le parent concerné, accablé par la culpabilité, se dévoue masochiquement à l'enfant, au point de former un couple indissoluble, lié par cette culpabilité, ce qui provoque des situations conjugales catastrophiques. Dans d'autres cas de figure, la culpabilité est complètement projetée dans l'autre, faisant appel à des accusations familiales sur la transmission héréditaire. « Dans la famille de mon mari, il y a des cas de maladie congénitale. La tare doit venir de là. » C'est dès l'annonce du handicap que se jouent ces configurations, car la circulation de l'information donnée par le médecin suit, à son insu, les voies inconscientes que tracent les conflits familiaux préexistants. L'impact du diagnostic a un effet de détonateur sur des difficultés conjugales antérieures, qui jusque-là étaient plus ou moins bien assumées.

En outre, le soutien apporté par la famille élargie joue un rôle important. La présence d'autres membres de la famille à ce moment crucial de l'annonce du handicap a des effets bénéfiques, même à long terme. En effet, lorsque la grand-mère maternelle de l'enfant par exemple, un frère ou une sœur particulièrement proches de l'un des parents peuvent être présents, peut-être pas exactement au moment où le médecin parle avec les parents, mais dans les heures qui suivent, ils sont un soutien affectif extrêmement précieux. Une solidarité s'installe à partir du partage des émotions marquantes de ces premières journées. Il y a un effet d'empreinte. Ces membres de la famille qui ont été sollicités dès le début restent souvent très impliqués tout au long de l'enfance du bébé handicapé.

La mise en place d'un environnement affectif qui permette d'entourer les parents d'un contenant psychique permet d'éviter, ou au moins d'atténuer, la tendance spontanée des familles au repli honteux. Il faut savoir que, face à ce trauma de l'annonce du handicap, les parents ont la tentation de couper court à toutes les relations extérieures, qui sont vécues comme persécutrices. Lorsque les parents se sentent abandonnés par leur famille et leurs amis, ce qui n'est pas rare, ils s'installent dans une solitude amère. Un cercle vicieux s'instaure : le handicap provoque le rejet et, en retour, le rejet accentue le handicap.

À quel moment le dire ?

Un autre problème se pose aux équipes médicales : à quel moment parler aux parents ? Ce problème divise les praticiens et déborde le cadre de l'enfance handicapée puisqu'on le retrouve dans tous les secteurs de la médecine où il s'agit d'annoncer à un malade ou à sa famille une vérité traumatisante. Faut-il dire tout ce que l'on sait d'emblée au nom du droit à la vérité ? Cette attitude correspond à un besoin de se délivrer au plus vite du fardeau d'un savoir angoissant. Ou faut-il attendre les questions et répondre au fur et à mesure qu'elles surgissent ? Cette deuxième attitude implique de ne pas partager tout son savoir, d'être détenteur d'un secret, ce qui n'est pas toujours facile à vivre pour le corps médical. Et elle impose aux parents une situation moralement peu défendable où ils sont privés d'une information qui les concerne au plus près. « Dire la vérité, rien que la vérité, mais pas nécessairement toute la vérité en une seule fois », écrit, avec bon sens, un médecin américain.

Souvent on annonce aux parents le handicap alors que l'enfant leur a été enlevé dès sa naissance. L'anormalité de l'enfant suscite, d'une manière générale, une réaction de peur qui consiste à séparer mère et enfant, alors qu'il faudrait tout au contraire favoriser le contact physique avec un enfant si difficile à accepter. Des études ont montré que les parents ressentent de manière très positive de voir la personne de la salle d'accouchement toucher et cajoler le bébé nouveau-né. Les premiers contacts corporels avec l'enfant jouent un rôle décisif sur les réactions ultérieures des parents. Il n'est pas du tout pareil d'entendre des paroles inquiétantes à propos d'un enfant que les parents n'ont ni vu, ni touché, ni tenu dans les bras, que d'un enfant avec lequel un contact s'est déjà établi. On pourrait même se demander si la présence du bébé pendant l'annonce du handicap ne serait pas souhaitable, si les conditions médicales le permettent. Par son corps, son odeur, son aspect physique, le contact de sa peau, il existe *avant* de devenir source d'angoisse. Si l'annonce du handicap précède la première prise de contact, il *est* handicap avant d'être enfant. L'établissement d'une première relation, même ébauchée, aide à voir l'enfant globalement plutôt que de le réduire d'emblée à un handicap. Sinon, il risque de porter un diagnostic avant même de porter un prénom.

L'annonce d'un handicap apparent à la naissance est le cas de figure le plus typique et le plus redouté, mais pas le plus fréquent. Le plus souvent, des troubles du développement apparaissent au cours de la première année. Vient alors le cortège douloureux des consultations médicales, des examens, des hospitalisations éventuelles. Les parents traversent une période extrêmement pénible d'incertitude et d'inquiétude. C'est souvent la mère, surtout si elle a déjà eu d'autres enfants, qui voit les premiers signes du handicap : retard moteur, hypotonie, éveil trop lent, contact difficile. Elle s'inquiète, elle en parle autour d'elle et le signale au médecin. Il n'est pas rare qu'elle se heurte alors à l'incrédulité de l'entourage, famille ou pédiatre. « Madame, vous êtes trop anxieuse... vous voyez trop de problèmes chez votre bébé. »

Les troubles moteurs ou neurologiques sont particulièrement difficiles à détecter chez l'enfant très jeune par des non-spécialistes. Cela demande beaucoup d'attention et de vigilance et une compétence précise que les pédiatres ou les médecins généralistes n'ont pas forcément eu l'occasion d'acquérir. La mère se retrouve seule et culpabilisée avec ce pressentiment angoissant que quelque chose ne va pas dans le développement de son enfant.

Au terme de la période d'explorations médicales, un diagnostic sera peut-être posé : infirmité motrice cérébrale, maladie de X... Mais dans la majorité des cas il y a constat d'un retard du développement ou de certains dysfonctionnements sans que puissent être mis en évidence ni diagnostic, ni étiologie, ni pronostic. Les parents peuvent alors tout imaginer. Ils passent d'un extrême à l'autre. Le meilleur : les médecins n'ont rien trouvé, donc ils ne peuvent rien dire de l'avenir. Et s'il s'en sortait, s'il rattrapait son retard ? Si c'était un blocage psychologique, il y aurait peut-être un jour un déclic, et le développement de leur enfant reprendrait son cours normal. Ou le pire : ils ne m'ont pas dit toute la vérité. En fait, ils savent, mais ils n'osent pas me le dire. C'est très grave.

S'il y a eu accouchement difficile ou prématuré ou des problèmes à la naissance, le bébé démarre sa vie avec un doute sur son développement. On sait par exemple qu'un certain pourcentage des bébés prématurés garde des séquelles liées à leur prématurité et d'autres pas du tout. Mais les médecins disposent de très peu d'éléments permettant de prévoir l'évolution de chaque enfant. Ce n'est qu'au cours de son développement qu'apparaîtront ou non les éventuelles difficultés de l'enfant. Les parents vivent avec cette angoisse. Avec cette incertitude. Avec ces paroles. « On ne peut pas se prononcer. » « Il ne sera jamais normal. » Parfois l'évolution de l'enfant dément ces prédictions, mais les mots auront pesé très lourd. « Il revient de loin », dit-on dans ces cas-là. Et les parents avec lui.

Nous avons vu l'impact des paroles ainsi que l'angoisse suscitée par le silence. À la limite, on pourrait dire que, pour annoncer une si mauvaise nouvelle, il n'y a que de mauvais mots. Cela ne peut pas « bien » se dire. Tout dépend, en fin de compte, de la relation de personne à personne qui est établie entre soignant et parent et de l'attitude profonde de celui qui annonce à l'égard du handicap. L'essentiel est d'être conscient que les modalités de l'annonce du handicap vont fortement influencer la manière dont les parents réagiront ultérieurement. Dans toutes ces situations, les interventions médicales, les paroles, les choix, s'inscrivent de manière indélébile et entraînent des conséquences parfois imprévisibles. Les modalités selon lesquelles le handicap est révélé aux parents joue un rôle déterminant dans leur manière d'assumer cette épreuve. C'est un moment clé qui garde son importance pendant des années et dont on perçoit les effets, parfois inattendus, parfois dissimulés, mais toujours marquants, très longtemps après.

3

« Ça n'arrive qu'aux autres »

Les parents médusés

Comment raconter l'indicible ? Tu vas entendre le récit d'une souffrance égale à la mort...
Ô nouvelle que l'esprit ne peut accueillir et ne peut fuir !

SOPHOCLE

Lorsque, à l'annonce de la trisomie 21 de son fils, Mme R. dit qu'elle était « sans voix », cela signifie que le handicap de l'enfant provoque une douleur qui est indicible. Le handicap marque l'enfant du sceau de l'étrangeté et semble frapper ses parents, géniteurs de cette anormalité, de stupeur. C'est ainsi, « sans voix », tels des traumatisés de guerre ou des rescapés d'un tremblement de terre, que se présentent les parents lorsqu'ils arrivent au centre spécialisé, avec dans les bras ce bébé marqué par un grave diagnostic. Dans un premier temps, ce qui arrive demeure incompréhensible et innommable. Les réactions de dénégation et les manifestations somatiques sont fréquentes, signe de la mise en échec de la pensée. Tous les parents décrivent cette période de flou, de vide, de blanc. « Pendant plusieurs mois, je n'ai rien imaginé. Le black-out total. Impossible d'avoir de ce bébé une image de petite fille. Et adulte... non, ça c'était impensable. » Sans voix, paralysés, incapables d'imaginer l'avenir, anesthésiés.

La figure terrifiante de Méduse

Lors de cette première phase qui suit le choc traumatique, face au diagnostic insupportable, les parents sont comme pétrifiés. Pétrifiés comme l'étaient ceux qui, dans la mythologie grecque, devaient regarder de face la figure terrifiante de Méduse. Méduse était l'une des trois Gorgones, trois monstres qui habitaient non loin du royaume des morts. Sa laideur tenait surtout aux serpents grouillants qui entouraient son visage, à la place des cheveux, « pour frapper de terreur ses ennemis épouvantés », comme le dit le texte d'Ovide. Son regard était si perçant qu'il transformait en pierre quiconque osait affronter cette vision horrible et la regarder dans les yeux. Persée, qui était chargé de la détruire, réussit à trancher la tête de Méduse en utilisant une ruse : pour éviter d'être pétrifié par ses yeux, il s'approcha d'elle en se servant de son bouclier poli comme d'un miroir. Ainsi, il parvint à s'emparer de la tête de Méduse qui lui servira de trophée pour éloigner ses ennemis. Vainqueur de la peur, Persée pourra faire peur aux autres, car l'effigie de Méduse sert comme un *apotropaion*, c'est-à-dire qu'elle garde le pouvoir d'éloigner l'ennemi et de détourner le mauvais sort.

La découverte d'une anomalie chez l'enfant confronte ses parents à une épreuve analogue : voir le visage de la Méduse. Contraints de regarder en face ce qui ne saurait se voir, ils sont pétrifiés ou détournent le regard. « Les premiers mois avec ma petite fille trisomique étaient un face-à-face insoutenable », dit une mère. Apprenant la trisomie de son bébé qui venait de naître, cette mère n'a pas pu la regarder pendant de longues semaines. Pendant les tétées, elle se sentait tellement envahie par l'effroi que suscitait en elle l'anormalité de son bébé qu'elle ne pouvait soutenir la vision de l'enfant dans ses bras et était obligée de détourner le regard. « Je l'allaitais, mais je ne voulais pas la voir, je ne pouvais pas ; je fermais les yeux. » Ce qui l'a aidée à vaincre peu à peu sa réaction, c'est l'entrée à la crèche. Le regard des autres sur son enfant l'a rassurée et l'a amenée à voir à son tour sa fille d'une autre manière. C'est à travers le regard des autres, comme dans un miroir, que cette mère a pu regarder, elle aussi, son enfant. Voir une petite fille, et non pas un être difforme. Le miroir, en introduisant un intermédiaire, évite d'être pétrifié et permet de dépasser la réaction de l'effroi. Tel le bouclier de Persée, le regard des autres a permis de rompre chez cette mère la confrontation mortifère avec l'horreur dévoilée.

Le handicap vient donner corps à quelque chose d'irreprésentable, de l'ordre de l'horreur. Aucune représentation ne permet de donner forme à cet événement catastrophique. Ou plutôt : les représentations qui viennent à l'esprit sont tellement intolérables qu'elles sont aussitôt chassées, laissant place à ce vide de l'innommable. Une mère disait qu'à l'annonce du handicap de son enfant une foule d'idées et d'images lui avaient en quelques minutes traversé l'esprit, avec une insupportable ludicité. « En un instant, j'ai vu tout son avenir et tout mon passé. » Trop d'images, un avenir trop menaçant, un passé trop remué. Pour bien des parents, il faut se protéger de ce flot qui les submerge. Ce moment de douloureuse clairvoyance est alors effacé de la mémoire. Un père s'étonne, bien des années plus tard, d'être incapable de retrouver le moindre souvenir concernant les quarante-huit heures qui ont suivi la naissance de sa petite fille trisomique. Effacement total de ces heures où pourtant bien des images et des souhaits inacceptables ont dû lui traverser l'esprit. Oubli nécessaire pour faire face aux exigences concrètes de la situation. Mais ces images et ces pensées restent bien entendu vivantes et actives quelque part au fond de la psyché, et, comme nous le verrons, demandent à pouvoir s'exprimer. Réduites au silence, remisées dans l'inconscient, elles constituent une source d'angoisse d'autant plus difficile à maîtriser qu'elle n'avoue pas son origine.

Le choc traumatique

Les parents sont sous le coup d'un traumatisme au sens psychanalytique du terme, à savoir un choc totalement inattendu, d'une intensité telle qu'il fait effraction dans le psychisme, dont il désorganise le fonctionnement : il anéantit toutes leurs défenses habituelles et en fait apparaître d'autres, parfois beaucoup plus pathologiques. On voit alors des parents qui ont des réactions « anormales » ; mais il s'agit surtout de parents qui réagissent à une situation anormale. Les situations extrêmes appellent des solutions extrêmes.

Le psychanalyste hongrois Sandór Ferenczi, contemporain de Freud, a donné des analyses cliniques particulièrement fines de patients marqués par des événements traumatiques. Le premier effet du traumatisme est qu'il provoque un état de sidération, qui met en échec la capacité de penser. Face à cet événement qui la déborde, la psyché ne parvient pas à assurer sa tâche habituelle, qui est d'intégrer les éléments du monde extérieur. Comme le dit le chœur antique dans la tragédie de Sophocle, c'est une nouvelle que l'esprit ne peut ni accueillir ni fuir. Il s'en suit une suspension des facultés mentales : « Un choc inattendu, non préparé et écrasant, agit pour ainsi dire comme un anesthésique. Mais comment cela se produit-il ? Apparemment par l'arrêt de toute espèce d'activité psychique. »

L'une des caractéristiques du traumatisme est qu'on n'y est jamais préparé. On a beau savoir que cela existe, lorsque la catastrophe arrive pour de vrai, elle prend complètement au dépourvu. « Ça n'arrive qu'aux autres. » Le choc traumatique touche donc un être non préparé, qui doit faire face subitement à quelque chose qui dépasse l'entendement, provoquant une destruction d'une partie du psychisme, car il se produit une sorte de fragmentation. Le traumatisme engendre au sein du psychisme une fracture ouverte qui appelle sans cesse, mais toujours en vain, à se refermer. C'est comme un interminable processus de cicatrisation.

Une autre caractéristique du choc traumatique est d'arrêter l'effet du temps. Si aucune aide n'est apportée aux parents, tout est figé ; rien ne bouge. Tous les éducateurs travaillant auprès d'adultes handicapés décrivent des familles figées autour d'un handicapé de quarante ans qui n'est plus un enfant depuis longtemps, mais qui a toujours le statut de petit enfant au sein d'une famille dramatiquement close sur son malheur. Le temps est immobilisé. Il n'y a ni projets ni ouverture sur le monde. Chacun est fixé dans un rôle qui l'aliène et l'emprisonne. La mère, idéale et sacrifiée, est pétrifiée dans les bénéfices secondaires de la dévotion. Le père oscille entre la fuite (il est alors étiqueté de manière stéréotypée de « père absent » par les équipes éducatives) ou une amère revendication sociale. Les frères et les sœurs ont le choix entre une fausse indifférence ou des conduites de réparation. Et l'enfant lui-même est statufié en tant qu'enfant handicapé.

Tous les parents expriment cette immobilisation du temps. « Rien n'est plus pareil. » Désormais, il y a un avant et un après. « Le jour de la naissance de Fabien, nous avons basculé dans le monde du handicap, dont j'ignorais tout auparavant, dit la mère d'un petit garçon atteint d'une malformation génétique, et depuis nous ne l'avons plus quitté. » C'est un événement qui fait qu'on ne peut plus jamais revenir en arrière, retrouver l'état « normal » de celui qui se dit : « Ça n'arrive qu'aux autres. » Cet état d'innocence est perdu à tout jamais. Les parents sont affectés jusque dans leur mémoire. L'événement traumatique partage définitivement la ligne de la temporalité.

Il faut du temps, beaucoup de temps, pour que cet événement traumatisant puisse être intégré dans le tissu psychique. Son élaboration passe par des étapes qu'il est impossible d'accélérer. Il est très important que les soignants connaissent l'impossibilité du psychisme humain à appréhender et à assimiler en une seule fois un fait aussi catastrophique. Cela leur permettra de reconnaître et d'accepter les attitudes parentales — refus, dénégation, agressivité — qui en découlent et qui les déconcertent si souvent.

Lors des premières consultations dans un centre spécialisé, le soignant se heurte à des parents silencieux ou revendicants, voire hostiles. On dit qu'ils n'ont « pas de demande ». Il faut s'armer de patience ; savoir qu'à ce moment-là, effectivement, il ne peut être question d'une demande d'aide psychologique clairement formulée. Il n'y a pas de place pour la réflexion, le retour sur soi-même, les questionnements. « Mais à quoi ça sert de vous parler puisque de toute façon cela ne changera rien au handicap de mon enfant. » Les seules questions concernent les problèmes concrets relatifs au handicap de l'enfant. Sur le moment toutes les énergies sont mobilisées pour faire face aux événements, au jour le jour. Il faut agir. Prendre sur soi. Tenir le coup. Ce n'est que par la suite, lorsque la nécessité de s'investir se relâche, que peuvent apparaître les angoisses et les idées dépressives. Au point que c'est parfois quand l'enfant va mieux que la mère vient consulter pour une dépression. Comme dans des situations analogues (maladie, crise, guerre...), c'est une fois la crise passée qu'on peut enfin se permettre de « craquer ».

Dans le bureau du psychanalyste, les parents paraissent parfois complètement inaccessibles à un questionnement psychique, envahis par les détails concrets de la vie quotidienne de leur enfant. Cependant, ces préoccu pations véhiculent leurs angoisses et leurs questionnements à propos de l'enfant, mais il faut accepter cette médiation par les soucis quotidiens. Dans ce domaine, où la réalité est si prenante qu'elle risque d'occulter tout le reste si l'on s'y laisse prendre, il faut beaucoup d'attention, de doigté et de patience pour parvenir à déplacer les choses du terrain de la réalité matérielle vers celui de la réalité psychique.

« On ne peut tout de même pas parler avec une mère de la couleur de la layette ! » me disait un de mes collègues. Pourquoi pas ? Une mère me racontait qu'elle achetait des vêtements de couleur toujours très vive pour son petit garçon très déficient et très marqué physiquement : « C'est tellement plus gai... » Puis, au cours de la conversation, elle en venait à remarquer subitement elle-même que l'importance de ces couleurs « gaies » avait peut-être une valeur de dénégation. « Pour ma fille, j'aime mieux les couleurs pastel... et pour moi-même aussi, je me préfère avec des couleurs plus discrètes... » Pourquoi, Thomas, lui, doit-il être habillé de couleurs gaies ? Pour camoufler quelle tristesse ? « C'est drôle, je n'y avais jamais pensé, mais c'est lui, pour qui j'ai tant pleuré, et me fais tant de souci, à qui je mets des couleurs vives... Au fond, c'est peut-être pour me cacher que je broie du noir... » Ainsi, une banale conversation sur la couleur de la layette — ou les démarches à la crèche, ou les trajets en métro, ou la fatigue des accompagnements, ou le choix des jouets — permet, pour peu qu'on y prête l'oreille et qu'on ne soit pas trop pressé, d'ouvrir des perspectives sur leur vécu plus profond à l'égard du handicap de l'enfant.

Le présent réactualise le passé

La maman de Mathilde accouche d'un petit garçon, Victor, qui est en pleine santé, alors que Mathilde, âgée de cinq ans, est atteinte d'une grave encéphalopathie. Mais curieusement cette mère est partagée. Elle craint tellement de rejeter Mathilde qu'elle s'accroche à elle, au détriment de Victor. Elle s'occupe de plus en plus de Mathilde, au point de n'avoir aucun moment privilégié avec Victor, de peur que Mathilde ne se sente abandonnée. De peur surtout que la moindre distanciation ne vienne signifier à sa fille le rejet inacceptable que cette mère ressent au fond d'elle-même et qu'elle ne peut exprimer. Elle se dit déçue lors des premières semaines : ne peut-elle avouer son bonheur avec ce beau bébé joufflu et éveillé ? Admettre ce bonheur, ce serait reconnaître le malheur qu'elle a vécu et vit encore avec Mathilde. Cependant, son plaisir apparaît dans les longs, très longs moments, où elle se laisse aller avec une volupté évidente, malgré ce qu'elle en dit, à allaiter Victor. Mais elle doit se défendre de ce bonheur, car il risque de blesser Mathilde. Elle imagine que Mathilde lui demanderait : « Avais-tu autant de plaisir avec moi ? Faisais-tu pareil avec moi ? » Ces questions qu'elle lit — ou imagine — dans les yeux de Mathilde révèlent la vérité honteuse de n'avoir pas eu ce même plaisir avec sa petite fille handicapée.

Mais les questions de la mère de Mathilde sont aussi révélatrices d'autres vérités et d'autres hontes. « Mathilde porte le poids de nous avoir déçus », me dit-elle. Certes, mais vous-même n'avez-vous jamais eu l'impression de décevoir vos parents ? Ma question fait resurgir des impressions de son enfance qui donnent un autre éclairage à ses interrogations. Oui, elle a toujours senti, dit-elle, que sa mère avait moins de plaisir à s'occuper d'elle que de ses frères et sœurs, car elle-même était une enfant non désirée puisque ses parents, âgés, ne pensaient plus avoir d'enfant. En réalité, les questions qu'elle prête à Mathilde sont ses propres questions adressées imaginairement à sa mère.

L'histoire de Mathilde nous montre que la découverte d'un handicap vient réveiller chez les parents de vieilles peurs et d'anciennes culpabilités. Les sentiments des parents renvoient à autre chose, au-delà de l'enfant handicapé, dans leur histoire personnelle antérieure. C'est ce que les psychanalystes appellent le phénomène de l'après-coup. L'événement traumatisant actuel que constitue le handicap vient s'inscrire dans un tissu psychique où il sera relié par de multiples fils à des événements antérieurs. Il réactive des fantasmes inconscients, c'est-à-dire qu'il va leur insuffler une nouvelle énergie, qui va rendre actives des choses qui paraissaient oubliées. La réaction des parents est toujours déterminée à la fois par le traumatisme actuel et par les positions datant de l'enfance, ce que les psychanalystes appellent la névrose infantile. L'approche psychanalytique consiste à retracer ces chemins conduisant vers un événement ou un fantasme ancien en favorisant sa réémergence, à chaque fois surprenante. Ces liens associatifs prennent dans chaque histoire individuelle une configuration singulière.

Lorsque la mère de Mathilde vient me voir après la naissance de sa petite fille, elle est déprimée. Figée. Ni mots ni larmes. Elle est dans l'impossiblité d'amorcer un processus de deuil qui donnerait une place à l'enfant. Après quelques entretiens, les larmes arrivent, mais de manière inattendue, pas du tout à cause de l'enfant dont il ne sera plus question pendant longtemps, mais à propos de sa mère que la patiente a perdue à l'âge de treize ans. Jamais elle n'avait pleuré cette mort... Sur le moment, elle avait été obligée de réagir et elle n'avait pas ressenti cette perte. Pendant plusieurs mois à chaque séance, elle pleure, étonnée de voir resurgir des émotions qu'elle n'avait jamais soupçonnées et qui empêchaient l'élaboration de son chagrin relatif au handicap de sa fille.

De plus, elle se souvient que le décès de sa mère ne lui avait été annoncé que de manière tardive et détournée, la laissant plusieurs semaines avec des doutes angoissés, ou plutôt un secret très lourd à porter, puisqu'elle savait, comme savent les enfants, ce qu'on voulait lui cacher. Le silence sur le handicap de son enfant est comme une réédition de ce secret antérieur. Elle réalise que la nouvelle de cette mort n'est jamais vraiment parvenue jusqu'à elle : cette nouvelle est restée lettre morte jusqu'au jour où, dans sa psychothérapie, les larmes ont commencé à couler. De même, l'annonce du handicap est restée en elle comme une parole gelée. Le jour où elle pourra dire — se dire — la mort de sa mère, elle pourra, du même coup, commencer à prendre la mesure de cet autre événement traumatisant, le handicap de sa fille. De ce jour, les mots se libèrent. Elle peut, enfin parler à son enfant et à sa famille de l'encéphalopathie.

La notion psychanalytique de l'après-coup est un outil tout à fait indispensable pour aborder les parents d'enfants handicapés. Elle introduit l'idée essentielle que les phénomènes psychiques se jouent en plusieurs temps. Ainsi, chaque événement étend ses ramifications dans les deux sens . vers le passé qui fait retour et se réactualise en se modifiant ; vers le futur non prévisible qui se fera en fonction du passé, mais agit en retour sur lui. Tenir compte de cette temporalité, c'est ne pas se satisfaire avec ces parents de ce qu'on appelle couramment un « soutien psychologique ». Il faut concevoir l'intervention du psychanalyste toujours comme une élaboration, ou plutôt une réélaboration. Cela seul permettra de soulager les parents du poids d'une répétition qui s'effectue à leur insu et les fait souffrir, au-delà de la souffrance due à la réalité du handicap. Cela seul permettra aussi de se soustraire à l'immédiateté du malheur qui s'abat sur eux et de se dégager d'une compassion qui les enferme dans un rôle de victime.

Un deuil impossible

L'enfant handicapé envoie à ses parents une image déformée, tel un miroir brisé, dans laquelle ils ont du mal à se reconnaître, et partant, à reconnaître l'enfant attendu, l'enfant qui se situe dans leur filiation et qui doit les perpétuer après leur mort. Cet enfant-là est loin, très loin, de l'enfant espéré. Loin de l'enfant que tous les parents ont porté en eux pendant les neuf mois de la grossesse, et rêvé depuis bien plus longtemps encore. Loin de « Sa Majesté le Bébé », dont nous parle Freud, à savoir l'enfant merveilleux qui doit réaliser tous les souhaits secrets des parents et réparer leurs blessures anciennes. Comment faire le lien entre cette image idéale et la réalité du bébé abîmé, marqué par un diagnostic médical grave ? On parle alors du deuil de l'enfant imaginaire : le décalage entre l'enfant imaginaire et l'enfant réel est si grand qu'un véritable travail de deuil est nécessaire pour que l'enfant handicapé puisse avoir sa place.

La nécessité de faire le deuil de l'enfant imaginaire est devenue une notion courante, au point de devenir une idée galvaudée. Je m'interroge cependant : est-ce que l'idée de deuil est pertinente pour ces parents ? Ne leur en demande-t-on pas beaucoup quand on dit si facilement qu'il faut « faire le deuil », comme si cela allait de soi ? Peut-on jamais renoncer à l'enfant imaginaire ? Peut-on accepter l'inacceptable ? Il faudrait plutôt se demander comment les parents vont pouvoir assumer ce qui est de l'ordre de l'inacceptable — ce dont on ne fait jamais le deuil — et comment on peut les y aider.

On pourrait dire que toute naissance impose aux parents un travail de deuil, car l'enfant qui naît n'est jamais conforme à l'enfant souhaité. Tous les parents rêvent d'un avenir grandiose pour leurs enfants, et tous les enfants vont inévitablement les décevoir dans leurs illusions et amener leurs parents à les accepter tels qu'ils sont, avec leurs insuffisances et leurs limites, mais aussi avec leur personnalité propre. S'il faut renoncer à l'image idéale de l'enfant imaginaire, l'enfant réel apporte d'autres joies. Le travail du deuil revient à un processus de symbolisation, qui consiste à mettre quelque chose à la place de l'objet perdu. Or ce que l'on observe chez les parents, après le choc de la révélation du handicap de leur enfant, c'est l'incapacité, en tout cas dans un premier temps, de cette symbolisation.

Deuil impossible, car perdre cet objet, c'est perdre une partie vitale d'eux-mêmes. Renoncement impossible, car renoncer à l'enfant imaginaire, c'est renoncer à l'image de parents pouvant mettre au monde un bel enfant, qui met en jeu, à travers l'enfant qu'ils ont conçu, leur propre conception. Par conséquent, l'enfant imaginaire garde sa place, comme un idéal inatteignable ou un double maléfique. Lourde présence, aussi bien pour les parents que pour l'enfant handicapé lui-même.

Deuil trompeur, car, s'il y a un objet perdu, il y a aussi un objet présent qui empêche le remplacement. Un père disait : « On me parle de deuil à faire. Mais deuil, cela veut dire que quelqu'un est mort... Mon enfant n'est pas mort, il est bien vivant ; handicapé, oui, mais bien présent. » L'enfant rappelle par sa présence, jour après jour, l'actualité de la perte. « C'est pire que la mort, car dans le cas de perte d'un être cher le temps finit par adoucir le chagrin ; alors que là, c'est toujours présent. » En arrière-plan apparaît le souhait qu'il eût mieux valu peut-être que l'enfant fût mort, car le deuil de l'enfant réel aurait été moins difficile à supporter que ce deuil de l'enfant imaginaire qui n'en finit jamais, puisque l'enfant réel vous le rappelle sans cesse. Paradoxalement, la présence vivante de l'enfant est évocatrice de l'idée de sa mort.

Deuil sans fin, car la présence de l'enfant vivant oblige à continuer d'investir. C'est comme si les parents étaient attelés à une double tâche contradictoire : c'est le même enfant qui oblige au renoncement et suscite l'espoir. « Avec Maryse, il nous faut enterrer nos désirs », disait un père. Donner une sépulture à ce qui est la source même de la vie psychique, à savoir les désirs. Une famille avait envoyé pour annoncer la naissance d'un enfant très gravement handicapé un carton gris qui ressemblait étrangement à un faire-part de décès. Beaucoup de familles n'envoient rien. Ils renoncent à annoncer. Mort et vie sont réunies dans une conjonction insupportable.

Deuil toujours incomplet, toujours inachevé, remis sur le chantier à chaque échéance de la vie de l'enfant. Le deuil implique un travail qui se déroule dans le temps et arrive à un terme au bout de quelques années. Ici, rien ne peut se terminer. Le temps, au lieu d'apaiser la douleur, accentue les difficultés. Pour les enfants atteints d'infirmité motrice, le développement neuromoteur au lieu de résoudre les problèmes en apporte de nouveaux. Certains enfants acquièrent une autonomie de la marche entre quatre et six ans, puis la perdent en grandissant et se retrouvent à dix ans en fauteuil roulant. Douloureuse expérience de devoir renoncer à une capacité si difficilement conquise. En outre, l'infirmité motrice cérébrale provoque des problèmes spécifiques d'apprentissage qui ne deviennent manifestes qu'avec la maturation, et entravent alors sérieusement les acquisitions scolaires chez des enfants d'intelligence normale. Vifs et intelligents durant leurs premières années, ils sont confrontés à l'âge scolaire à des troubles cognitifs liés au handicap. Ces renoncements qui viennent s'ajouter à tous les autres semblent avoir raison à la longue de la dynamique psychique et provoquer un état dépressif avec une inhibition intellectuelle.

Du côté des parents également, le temps amène sans cesse de nouveaux problèmes ou réactive des difficultés qui paraissaient réglées. La maturation de l'enfant repose douloureusement les mêmes questions ou en apporte de nouvelles. L'angoisse de ce qu'il deviendra après eux. La question concrète de l'insuffisance quantitative et qualitative de structures d'accueil pour adultes handicapés. Avec l'âge, le décalage entre l'enfant handicapé et l'enfant normal se creuse. L'éveil de la sexualité confronte les parents à des images intolérables.

Miroir brisé, objet d'un deuil impossible, cet enfant marqué par une différence radicale confronte ses parents à un obstacle : comment se reconnaître en lui ? Le caractère étrange du handicap casse le fil des identifications nécessaires. Cette difficulté transparaît dans les attitudes éducatives parfois incohérentes des parents. Sidérés, ceux-ci ne parviennent plus à assumer leur fonction parentale. Leurs comportements deviennent alors excessifs ou incohérents : surprotection, exigences trop rigides, aspirations trop élévées ou au contraire absence de désir et de perspectives d'avenir, manque de stimulation. L'anxiété et la culpabilité leur font perdre toute spontanéité. Parfois, l'enfant est mis à l'épreuve de manière continue et toutes les situations de la vie quotidienne sont transformées en séance de rééducation. « C'est vrai que je lui parle toujours pour lui apprendre à parler, disait la mère d'un enfant handicapé moteur, alors qu'avec mes autres enfants je parlais sans intention précise, pour rien, pour le plaisir. » Combien de fois des parents prennent subitement conscience de leurs attitudes particulières avec cet enfant. « Oui, je n'y avais jamais pensé, mais il est vrai que cela je ne l'aurais pas fait avec mes autres enfants. Si elle n'était pas handicapée, ce ne serait pas pareil... »

Avec cet enfant qui les bouleverse, ils perdent la capacité spontanée de le comprendre et de le connaître. Une mère me demandait, par exemple, de lui indiquer quel jouet elle pourrait bien acheter à son enfant pour Noël. Cette mère ne pouvait donc pas imaginer quel jouet ferait plaisir à son fils. « Qu'est-ce qui pourrait bien plaire à mon enfant ? Quels sont ses besoins ? Quels sont ses plaisirs ? » Elle était obsédée par l'idée qu'il fallait lui acheter un jouet ayant une valeur éducative qui le stimulerait dans son développement psychomoteur trop lent et incertain. Mais, surtout, la question venait exprimer sa perplexité à l'égard de cet enfant si différent des autres et l'impossibilité de se mettre à sa place. Ce qui va de soi entre parents et enfants — le plaisir de retrouver sa propre enfance à travers le choix des cadeaux de Noël et le plaisir de faire plaisir — se trouve ici mis en échec du fait du handicap qui vient introduire la dimension de l'étrangeté et rend difficile la reconnaissance de soi dans l'autre.

Les cicatrices intérieures

Parallèlement à cette difficulté d'identification à l'enfant handicapé, on observe aussi, et en même temps, un mouvement contraire, à savoir une identification massive et profonde à l'enfant blessé. L'enfant qui risque d'être abandonné. L'enfant à sauver. Ce bébé malheureux, perdu, rejeté que chacun porte en soi. La partie blessée de soi-même que l'enfant abîmé ou malade vient incarner et qui est douloureusement intriquée aux zones les plus archaïques de la personnalité. L'enfant qui, du fait de son inachèvement et de son incomplétude, sera toujours perçu par ses parents comme un morceau d'eux-mêmes, dont ils ne parviendront jamais réellement à se détacher. Entre ces parents et cet enfant démuni et dépendant, des liens subsistent, les enchaînant dans un destin commun et indissociable.

Les mères se vouent corps et âme à l'enfant invalide, dans un sacrifice d'elles-mêmes, de leur vie de femme, de leur vie de couple, de leur vie sociale, dont elles retirent des bénéfices inavouables. Dévotion exemplaire, qui trouve son répondant dans la dépendance obligée de l'enfant, qui ne peut prétendre à aucune autonomie et qui n'a d'autre solution que d'y trouver son compte lui aussi. Lorsque s'instaure une telle relation que les psychanalystes qualifient de symbiotique, il n'y a pas de tiers possible. Toute séparation est un arrachement. À défaut de reconnaître cette fusion inévitable, les thérapeutes risquent de faire fausse route et d'aller au-devant d'échecs, qui sont d'autant plus redoutables qu'à chaque fois le couple mère-enfant en ressort renforcé dans sa confusion funeste. Chaque échec d'une tentative thérapeutique fortifie la croyance dans l'hostilité du monde extérieur. Bien souvent ces mères retardent ou font échouer les tentatives d'orientation vers un centre spécialisé. Pour les équipes de soin, il est très important de connaître la nature indissoluble de ces liens et d'en tirer les conséquences sur la pratique des prises en charge. Comment aménager progressivement un espace où chacun pourra suivre son chemin personnel ? Au premier abord, impossible de les séparer. Impossible de s'adresser à l'un sans s'adresser à l'autre. Il faut donc, dans un premier temps, s'adresser aux deux.

Ralph et sa mère étaient un de ces couples, pathétiques et décourageants à la fois. Les rééducateurs s'inquiètent du silence de la mère. On la dit muette, accablée par le poids de la grave encéphalopathie de son fils. Les premiers entretiens sont difficiles. Elle parle peu, se replie dans une attitude butée. Cependant, je lui parle et la questionne au sujet de Ralph. Un jour alors, un flot de paroles surgit de manière inattendue. « Vous comprenez, vous me posez des questions et vous parlez à Ralph. » C'est cela qui compte pour cette mère, cela qui établit un pont permettant un échange, cela qui la fait sortir de son mutisme et de son douloureux enfermement : je parle à son enfant. C'est-à-dire que je parle à la partie infantile d'elle-même, à cette partie extraordinairement intime et profonde qu'est tout enfant pour ses parents. Partie encore plus intimement liée à chaque fibre de leur être si cet enfant est malade et diminué. Dans une très belle métaphore, la mère de Ralph évoque les « cicatrices intérieures » que lui a laissées la césarienne, pratiquée au moment de la naissance. La blessure de l'enfant est une blessure pour ses parents, dont ils portent les cicatrices à l'intérieur de leur propre corps et de leur propre psyché, tel est le sens de l'expression consacrée de « blessure narcissique ».

Ces mouvements d'identification se font à un niveau très profond, pour une grande part de manière inconsciente. Ils prennent parfois la forme de manifestations somatiques. Il n'est pas rare de voir arriver des parents avec un problème de santé qui les met curieusement dans une situation semblable à celle de leur enfant. Une entorse de la cheville plâtrée, alors que l'enfant handicapé moteur doit régulièrement se faire poser des plâtres. Une verrue plantaire qui empêche la mère d'un enfant tétraplégique de marcher pendant plusieurs semaines. Une maladie exigeant des soins qui se déroulent, comme par hasard, dans l'hôpital même où est suivi l'enfant. La mère d'un enfant aveugle qui, suite à la paralysie d'un muscle optique, voit double...

Ces symptômes montrent que l'identification à l'enfant peut emprunter des modalités très primitives. Parfois, il s'agit véritablement d'une forme d'incorporation : ce serait en quelque sorte reprendre l'enfant à l'intérieur de soi. L'incorporation est une modalité du travail de deuil. Il est courant de constater qu'après la perte d'un être cher les proches ont tendance à reproduire certaines des attitudes de celui qui a disparu, ou reprendre à leur compte ses goûts ou ses idées. Mais dans les relations symbiotiques avec un enfant handicapé il s'agit d'une forme de deuil pathologique. Dans son travail sur la maladie de deuil, Maria Torok[1] montre que, lorsque le deuil est impossible, l'objet perdu est incorporé, ce qui est une façon de ne pas le perdre. « L'objet incorporé, en lieu et place de l'objet perdu, rappellera toujours (de par son existence et par l'allusion de son contenu) quelque chose d'autre de perdu : le désir frappé de refoulement. Monument commémoratif, l'objet incorporé marque le lieu, la date, les circonstances où tel désir a été banni de l'introjection : autant de

1. TOROK M., *Maladie du deuil et fantasme du cadavre exquis*, Revue française de psychanalyse, n° 4, 1968.

tombeaux dans la vie du Moi. » Garder l'enfant dans la bouche ou dans la matrice, comme dans une crypte, au risque de le détruire et de se détruire avec lui, afin de le garder et de le protéger contre les attaques destructrices d'un monde hostile. C'est une forme d'amour, mais elle est redoutable, car elle tend à la dévoration cannibalique de l'autre. Une telle relation se développe sur un mode parasitaire, où l'on ne sait plus lequel des deux se nourrit de l'autre.

Les pères aussi

Habituellement, on parle toujours de la mère à propos de la relation symbiotique avec l'enfant, mais, à mon sens, il est faux de croire que les pères y sont étrangers. On s'étonnera peut-être de m'entendre utiliser le terme générique de « parents », et on pourrait me reprocher de ne pas distinguer les positions respectives et différenciées de la mère et du père à l'égard de l'enfant handicapé. Ma pratique auprès de ces familles m'a en effet convaincue que les pères ne sont d'aucune façon moins concernés par leur enfant et par la souffrance qu'entraîne son handicap. Ce qui fonde le lien à l'enfant est l'attachement affectif qui se joue de la même manière chez les deux parents. On dit couramment que le père ne se sent pas lié à son enfant au même titre que la mère, parce qu'il n'a pas porté l'enfant et qu'il ne peut jamais avoir le même degré de certitude de sa paternité que celle de la mère. C'est une conception qui réduit la parentalité à ses paramètres biologiques. En réalité, l'idée de transmission que le handicap sollicite vivement dépasse largement la biologie, car elle met en jeu une dimension fantasmatique, et en cela elle concerne les deux parents.

Étant donné que le handicap évoque toujours une image de castration, on peut même penser que les pères sont plus blessés dans leur propre image narcissique, puisque le handicap les affecte plus spécifiquement dans leur intégrité masculine. Cela apparaît de manière frappante lorsque le handicap atteint un fils.

Pour toutes ces raisons, je m'insurge contre les courants de pensée qui déclarent que les pères seraient moins impliqués, moins proches, moins blessés. Moins directement ou moins immédiatement touchés par ce qui touche leurs enfants, du fait qu'ils ne les ont pas portés physiquement. Contre les articles et les livres qui parlent de la « dyade mère-enfant ». Ce modèle qui consiste à se représenter les relations enfant-adulte sur un mode duel, en éliminant le tiers, aboutit à minimiser le rôle des pères. La dyade est inconcevable, car la venue au monde d'un enfant s'inscrit d'emblée dans une situation triangulaire.

Il faut plutôt se demander pourquoi on a tendance à privilégier le rôle des mères au détriment des pères. Pourquoi les travaux théoriques accordent-ils toujours plus d'importance à la mère ? Pourquoi les pratiques institutionnelles s'adressent-elles si peu aux pères ? Dans les centres spécialisés, on se plaint couramment de ne pas voir les pères. Mais les sollicite-t-on réellement ? Est-ce qu'on aménage des horaires compatibles avec leur vie professionnelle ? Si l'on voit moins les pères dans les institutions, on peut se demander également quelle place leur est donnée dans des équipes souvent essentiellement féminines. Les pères ne se sentent-ils pas mal à l'aise dans cet univers féminin voué à l'enfance ? Quelle écoute pour le son d'une voix masculine ?

Paradoxalement, dans ces lieux qui s'occupent d'enfants différents, n'est-ce pas une forme d'altérité —

celle de la différence des sexes — qui est refusée ? N'y aurait-il pas là un déplacement du rejet de la différence ? On accepte l'enfant malade ou anormal, mais on refuse le père. Cela correspond aussi peut-être au besoin de voir cet enfant handicapé comme un éternel enfant non sexué. Promouvoir un monde asexué de mères et de bébés serait une façon d'échapper à la sexualisation, qui donne une tout autre dimension, encore plus inacceptable, au handicap.

Lorsque les pères sont écoutés, cependant, ils ont tant à dire... Leur souffrance n'est en rien moindre que celle des mères. Et leur solitude aussi vaste, plus vaste peut-être, à cause du rejet des institutions et de l'image sociale d'une virilité qui n'aurait pas droit aux larmes. La douleur d'un homme paraît incompatible avec l'imago paternelle traditionnelle. La vulnérabilité masculine bouleverse l'image conventionnelle, mais profonde, de la virilité. Bref, le problème n'est pas tant que les pères auraient moins à dire sur leur enfant handicapé, ni qu'ils seraient moins affectés, mais que les équipes ont plus de réticences à entendre leur souffrance.

C'est d'ailleurs un père qui a écrit le texte littéraire le plus remarquable, à ma connaissance, sur la relation symbiotique. Il s'agit de l'écrivain japonais Kenzaburō Ōé, qui a reçu le prix Nobel de littérature en 1994, et qui est père d'un enfant handicapé. Kenzaburō Ōé a parlé à de nombreuses reprises dans son œuvre de son fils, Hikari, qui a maintenant trente et un ans, et de l'expérience traumatique que représente pour ses parents la naissance d'un enfant porteur d'une grave anomalie [1].

1. La référence à son expérience de père d'enfant handicapé apparaît surtout dans les ouvrages suivants de Kenzaburō Ōé : *Une affaire personnelle* (1964), Paris, Stock, 1968 ; *Dites-nous comment survivre à notre folie* (1969), Paris, Gallimard, 1982 ; *Une existence tranquille* (1990), Paris, Gallimard, 1995.

Dans un récit autobiographique extraordinaire, *Dites-nous comment survivre à notre folie*, il raconte la relation fusionnelle d'un père et d'un fils handicapé. Nous voyons le père promener son enfant très déficient sur une bicyclette à travers les rues de Tōkyō et l'amener au restaurant manger un bouillon d'os avec des nouilles, seul plaisir que partagent ces deux êtres profondément liés par la souffrance de l'un, l'enfant, que l'autre, le père, a complètement prise sur lui. C'est la description la plus forte et la plus subtile qui soit de la symbiose entre un enfant complètement démuni et son parent. Et pourtant c'est un homme qui parle !

4

« Je suis trisomique, et toi ? »
Étrangeté, identité et altérité

Qu'est-ce qu'un étranger ? — Celui qui te fait croire que tu es chez toi.

Edmond JABÈS

Marie est une petite fille de cinq ans qui est atteinte d'une trisomie 21. Autrefois, on parlait de mongoliens. Aujourd'hui, on dit enfants trisomiques. Marie, vive et espiègle, s'est emparé de ce mot. Dans le centre de soins où elle vient chaque semaine, elle interpelle les adultes assis dans la salle d'attente en s'écriant : « Je suis trisomique, et toi ? » L'effet de surprise et de consternation est assuré...

Si Marie nous questionne aussi vivement, c'est que, dans la quête de son identité, elle rencontre, comme tout enfant porteur d'un handicap, une série d'embûches. Cet enfant-là est marqué par un « stigmate » qui le différencie des autres, les membres de sa famille comme le groupe de ses pairs. À quel modèle peut-il s'identifier, lui qui est sans cesse défini par ce qu'il n'est ou n'a pas ? Différent des autres, il cherche, désespérément, tel Narcisse, un miroir qui puisse lui refléter une image de lui-même.

La violence du regard

Le rôle primordial du regard de la mère dans la structuration de la personne a été mis en évidence par le psychanalyste britannique D. W. Winnicott[1]. D'après Winnicott, le précurseur du miroir, c'est le visage de la mère. Dans le regard de sa mère, l'enfant trouve ce qui lui est nécessaire pour prendre conscience de lui-même. « Que voit le bébé quand il tourne son regard vers le visage de la mère ? Généralement, ce qu'il voit, c'est lui-même. En d'autres termes, la mère regarde le bébé et ce que son visage exprime est en relation directe avec ce qu'elle voit. » Donc, ce que voit le bébé dans ce miroir très particulier des yeux maternels, c'est non seulement lui-même, mais les sentiments de sa mère à son égard. Il voit ce qu'il a provoqué dans la vie affective de sa mère et tout ce qu'il représente pour elle. À partir de cette étude de Winnicott, on peut se demander ce que voit l'enfant handicapé. Un regard bouleversé, déprimé, fuyant ? On peut imaginer que l'enfant lit dans le regard de sa mère la blessure qu'il lui a infligée.

La première image de lui-même qu'il perçoit est doublement révélatrice : non seulement de sa propre anormalité, mais encore de la souffrance que cette anormalité provoque chez ses parents. Ainsi, dès ses premiers contacts avec le monde, il rencontre un regard qui lui signifie sa différence. Comment l'enfant handicapé va-t-il intégrer dans sa personnalité cette étrangeté dont il porte la marque, et construire son identité malgré, ou avec, ce handicap ? Que faire de ce regard stigmatisant qui inaugure sa première rencontre avec le

1. WINNICOTT D. W. (1971), « Le rôle de miroir de la mère et de la famille », in *Jeu et Réalité*, Paris, Gallimard, 1978.

monde et qu'il ne cessera de rencontrer, partout et toujours, tout au long de sa vie ?

Cette expérience traumatique du regard est centrale, en effet. Tous les handicapés en parlent : le regard insupportable des autres, inquisiteur ou fuyant, toujours en défaut ou en excès, jamais à la bonne distance. Un jeune adolescent handicapé physique préfère passer ses samedis à l'internat plutôt que de sortir, car, dit-il, « quand je me promène dans la rue, ou bien on ne me regarde pas, je vois des regards qui se détournent, ou bien on me regarde trop ». Un *trop* du regard qui renvoie à une fascination impudique. Un *pas assez* du regard qui signe le rejet. La primauté du regard entraîne une fragilité de la personnalité. D'être celui qui est toujours exposé au regard intrusif ou fuyant des autres crée en effet une forme de dépendance, car l'identité est sans cesse ramenée à la différence visible, au détriment de la vie intérieure. C'est comme si l'individu était réduit à ce stigmate, et que tout le reste de la personne était méconnu. Le narcissisme — à savoir la confiance en soi, la certitude de son monde intérieur et la solidité des assises de l'identité — est fortement ébranlé par cette dépendance au regard de l'autre.

Marie aussi souffre des conséquences de cette soumission à la violence du regard de l'autre. Parfois elle joue longuement à se mirer dans la glace avec un évident plaisir : elle se tourne et se retourne, faisant virevolter ses jupes afin d'en admirer tous les effets et en poussant des cris de jubilation. On ne peut qu'être frappé par l'aspect excessif de son jeu et le côté caricatural et exhibitionniste de ses attitudes. Elle en fait trop. Vilain petit canard qui veut se faire croire qu'elle est cygne merveilleux ? Dans la classe de maternelle qu'elle fréquente, elle occupe une place que l'on dit privilégiée : tous les enfants l'aident, la protègent, la manipulent. Dès qu'elle arrive, ils se précipitent sur elle. C'est une grande place ; mais est-ce une vraie place ? Cette sollicitude excessive enferme Marie dans un rôle de vedette ou de mascotte, qu'elle provoque et entretient elle-même, de manière répétitive, partout où elle va, par des comportements de séduction et de provocation, qui visent à attirer le regard. Elle est le « point de mire » du groupe, dit-on. Marie semble condamnée à attirer sans cesse le regard des autres par ses comportements provocants, toujours avide d'une surface réfléchissante, miroir ou yeux d'autrui, qui puisse lui renvoyer un reflet dont elle n'est jamais rassasiée. Comme le vilain petit canard qui se penche au-dessus de l'étang et, se contemplant dans la surface réfléchissante de l'eau, se découvre cygne [1]. Mais aussi comme Narcisse, mort de n'avoir pas compris la différence entre l'image et la réalité, lui qui « prend pour un corps ce qui n'est qu'une ombre ».

L'importance du regard est particulièrement déterminante lorsque le handicap est visible. La différence visible donne tellement à voir qu'elle aveugle. Elle parle d'elle-même et du coup ne signifie plus rien. Quel sens donner à ces jambes qui ne veulent pas marcher ? À ces bras trop petits ? On dit que le handicap visible serait plus difficile à supporter, aussi bien pour les parents que pour l'enfant. Je n'en suis pas si sûre... La difficulté est plus apparente et plus immédiate. Le handicap visible procure un choc qui peut sembler insurmontable. Comment pourrais-je jamais m'habituer à cet enfant au visage déformé, aux membres malingres, aux mains tordues, à la peau squameuse ? Et pourtant je m'y habitue et je finis par voir un enfant avec ses sourires et ses

1. J'ai parlé plus en détail du conte d'Andersen par rapport à l'enfant handicapé dans « Le Miroir maléfique. Le vilain petit canard et le cygne merveilleux », in *Psychiatrie française*, n° 3, 1993.

timidités ; même si le choc initial resurgit de temps en temps. C'est la personnalité de l'enfant qui fait oublier son apparence physique. Si l'atteinte est visible, je la perçois clairement, je peux la définir et par conséquent la surmonter.

Alors que le handicap invisible, qui passe inaperçu et paraît moins dramatique, suscite en réalité un malaise plus durable et dont les effets sont plus insidieux. De plus le handicap physique rend visible l'anomalie de l'enfant, ce qui est parfois plus facile à supporter pour les parents que de se heurter à des questions indiscrètes : « Mais à son âge vous ne devriez plus le porter, pourquoi il ne marche pas tout seul ? » Ou les regards désapprobateurs à la boulangerie vers un enfant qui ne peut pas comprendre les interdits alors qu'il en a apparemment l'âge.

Comment l'enfant prend conscience de sa différence

Comment et quand l'enfant prend-il conscience d'être différent ? Je suis de plus en plus convaincue que les enfants handicapés, même déficients, réalisent très tôt leur anormalité, pour peu qu'on y prête attention. Tout petit, l'enfant commence à voir la réalité : sa réalité avec les désillusions et les frustrations qu'elle implique, ses échecs et le décalage entre ce qu'on attend de lui et ce qu'il peut réaliser. Il se compare aux autres enfants. Il mesure l'effort qu'il doit faire pour réaliser ce qu'il souhaite et ce qu'on lui demande. Cet aspect de la question est souvent méconnu, car il dérange notre conception d'un enfant, qu'on préfère imaginer innocent, c'est-à-dire ignorant des réalités douloureuses. Mais les enfants savent ce qui caractérise la spécificité humaine — langage, autonomie motrice, propreté —, même lorsqu'ils en sont privés. Par conséquent, ils évaluent l'écart qui les en sépare.

La station debout, par exemple, est une étape fondamentale dans l'évolution d'un individu, comme de l'espèce humaine. La verticalité inaugure un autre regard sur le monde et sur soi-même. À l'âge où le petit de l'homme se met debout, celui qui ne le peut pas — du fait d'une atteinte motrice ou d'une déficience mentale — subit un grave préjudice dans son identité. Lorsque cet enfant acquiert la station debout, soit grâce à des progrès moteurs, soit par l'intermédiaire d'un appareillage, on observe un changement spectaculaire et immédiat de ses attitudes à l'égard d'autrui et du monde. Celui qui, en classe de maternelle, était muet et replié s'adresse aux autres, devient bavard, voire exigeant. L'enfant qui, en crèche, semblait peu interessé par la vie du groupe — faute de moyens de compréhension intellectuels, croyait-on — se révèle, une fois installé par un kinésithérapeute dans un appareillage adapté, très désireux de participer aux jeux de ses camarades.

La différence dont l'enfant prend conscience concerne tous les aspects du handicap, pas seulement ses caractères apparents ou corporels, mais aussi ce qui a trait à la déficience mentale. Toutefois, il est beaucoup plus difficile de concevoir — ou d'accepter ? — cette lucidité-là. Comment un enfant qui ne parle pas peut-il se rendre compte de son absence de langage ? Un enfant aux moyens psychiques très restreints peut donc avoir une compréhension de ce manque ? La déficience mentale est tellement intolérable que l'on préfère s'imaginer que l'enfant n'en est pas conscient. L'image du débile bienheureux. Et pourtant... Bien des signes montrent qu'il n'en est rien. Les enfants sont extrêmement sensibles à la différence, que ce soit la leur ou celle des autres. Ils la perçoivent et cherchent à l'évaluer et à la comprendre.

Jérôme, qui a de graves troubles de la personnalité, mais un très bon niveau verbal, arrive dans un petit groupe d'enfants handicapés, trisomiques ou déficients ayant peu ou pas de langage. Il fait son entrée parmi les autres et parle, parle... Il commente tout ce qui se passe, pose des questions, décrit les activités de ses camarades. Au fil des semaines, les autres enfants deviennent de plus en plus silencieux et passifs. Ils regardent Jérôme, manifestement fascinés, mais paralysés dans leur expression personnelle. Les adultes qui animent le groupe privilégient eux-mêmes ces échanges parlés, plus en accord avec leur propre niveau de communication et finissent par négliger les jeux non verbaux avec les autres enfants. L'un des enfants, Pierre, désarmé par le flux verbal envahissant de son camarade, paraît réellement déprimé. Pierre cherche à affirmer, malgré la présence dominante de Jérôme, son existence d'enfant privé de langage. Mais ni ses attaques agressives, ni ses comportements régressifs, ni ses tentatives de provocation ne parviennent à entrer en concurrence avec la force de séduction qu'exerce le langage.

Celui qui maîtrise le langage détient le pouvoir, c'est un fait bien connu dans la vie politique. Être privé de langage conduit à une forme d'oppression. L'observation de Pierre et de Jérôme donne une idée de ce que peut ressentir un être privé de langage et plongé dans un monde social où prédomine ce mode de communication. Comment peut-on s'imaginer qu'il n'en ressentirait pas les effets et n'en subirait pas les conséquences sur son devenir affectif ? Tout enfant, même celui dont l'intelligence est perturbée, cherche à savoir qui il est et d'où il vient, et par conséquent à connaître les particularités qui le distinguent des autres. L'absence de langage, la difficulté à comprendre, les troubles de la réalisation motrice ou graphique, feront l'objet, eux aussi, de ces interrogations anxieuses.

L'enfant ne peut se dérober à cette tâche : inscrire sa différence dans son identité. Trouver des aménagements avec la réalité blessante du handicap. Rechercher des voies d'issue qui ne soient pas des voies de garage. S'engager sur des chemins détournés qui permettent de compenser ses manques, sans tomber dans la surcompensation. Guillaume, un jeune garçon atteint d'un handicap moteur, se révolte contre le fait qu'il ne peut pas faire de football comme son frère. Il a consenti pourtant à remplacer cette activité par une autre : la flûte. À ce propos, il me raconte le conte de la sorcière de la rue Mouffetard, qui voulait manger une petite fille. « Mais elle n'y a pas réussi ! » me dit-il avec un grand sourire. Comment la petite fille a-t-elle échappé à la sorcière ? Au marché de la rue Mouffetard, lorsque la sorcière se transformait en boucher, la petite fille allait chez le poissonnier ; lorsque la sorcière se transformait en poissonnier, la petite fille allait chez le boucher. Cette petite fille, n'est-ce pas lui, Guillaume, qui a réussi à ruser avec son handicap, sa méchante sorcière à lui ? Guillaume venait de me dire justement que son handicap était « de naissance ». Les sorcières ne jettent-elles pas un mauvais sort au bébé à la naissance ? À l'intérieur des limites très étroites que lui impose son handicap, il est parvenu à un choix : aller chez le poissonnier lorsqu'on ne peut aller chez le boucher ; faire de la flûte lorsqu'il vous est « interdit » de faire du football. Ruser comme la petite fille afin d'échapper à l'implacabilité du destin. Ce choix, cependant, implique un renoncement. Et ce renoncement implique un processus de deuil.

L'enfant aussi doit faire un deuil

Tout comme ses parents, l'enfant est confronté à un travail de deuil : deuil de sa normalité, de son intégrité, de son autonomie. Il doit renoncer sans arrêt. Renoncer à courir, renoncer à parler avec facilité, renoncer à être aussi rapide que les autres, renoncer à faire certains sports, renoncer à être autonome. Mais, tout comme pour ses parents, c'est un deuil impossible. L'enfant ne renonce jamais vraiment. D'abord il garde dans un coin de sa tête l'idée complètement irréaliste (il le sait et pourtant...) que le handicap partira un jour, lorsqu'il sera grand ou grâce à une opération ou à un médicament. L'enfant a besoin de s'imaginer un possible retour des choses face à l'implacable irréversibilité de la réalité :

« Avant, j'avais pas mal aux pieds » dit Arthur, malgré la grave infirmité motrice des membres inférieurs qui le marque depuis sa naissance.

— Avant ?

— Avant d'avoir mal aux pieds, j'avais pas mal aux pieds. »

Évoquer un temps magique d'avant le handicap permet du même coup d'imaginer qu'il y aura un après, où le handicap disparaîtra, illusion entretenue par des interventions médicales diverses. Tous les enfants handicapés ont au fond d'eux-mêmes cette croyance en une guérison ou une réparation. Ils ne l'expriment qu'à contrecœur, car ils connaissent la réalité et l'impossibilité que cet espoir se réalise. Mais parfois cela leur échappe : « Quand je serai grand, je ne serai plus handicapé ! »

En outre, l'enfant n'accepte jamais vraiment les impossibilités et les échecs liés au handicap. Les enfants mettent souvent en place toutes sortes de manœuvres de diversion pour détourner leur attention et la nôtre de leurs échecs cuisants. L'enfant manifeste alors une apparente indifférence à tout ce qu'on lui propose. On risque de prendre pour un manque d'intérêt ou une incapacité intellectuelle ce qui est en réalité une peur de l'échec telle que l'enfant préfère passer pour plus bête qu'il n'est.

La prise de conscience de ses échecs provoque inévitablement des moments de dépression. La dépression se manifeste surtout vers trois ou quatre ans, au moment où l'enfant se situe dans le triangle œdipien, c'est-à-dire dans la double différence constitutive de son identité : différence sexuelle et différence des générations. La différence liée au handicap devient alors douloureusement évidente. Il s'agit d'une réelle dépression, mais souvent elle est masquée et se manifeste par des comportements déguisés. Les enfants handicapés traversent alors des périodes d'instabilité et d'excitation alternant avec des périodes de refus ou de découragement. Cette dépression est rarement perçue par l'entourage. Nous tenons tellement à l'illusion d'une enfance heureuse... Il n'y a pas de place pour la tristesse de l'enfant. Sa douleur est insupportable. Les parents sont aveuglés par leur culpabilité qui se traduit par le désir de faire progresser l'enfant, les rééducateurs par leur idéal thérapeutique. L'enfant est constamment soumis à une pression. Les adultes admettent mal son besoin de détente, la paresse, l'envie de ne rien faire.

Quelle attitude adopter face à l'enfant qui se déprime ? Il est difficile de faire la part entre les moments nécessaires de relâchement, qu'il convient de respecter chez ces enfants auxquels on demande beaucoup plus d'efforts qu'aux autres, et les moments d'une réelle dépression qui risque d'entraîner l'enfant sur le versant de l'inhibition intellectuelle. C'est un équilibre délicat à trouver entre la négation du handicap et le respect de l'illusion nécessaire à tout être humain. On oscille toujours entre le risque de laisser s'installer le leurre de la « normalisation » et l'impératif de ne pas détruire l'espoir, ce qui casserait définitivement le moteur de la dynamique évolutive. Car il arrive que l'enfant ait choisi de renoncer, ou qu'il semble très près d'avoir renoncé. En effet, certains enfants se laissent mourir, physiquement ou psychiquement. On voit alors des enfants qui n'investissent plus aucune activité, aucun apprentissage, et dont le handicap s'aggrave du fait qu'ils n'utilisent pas les possibilités qui sont les leurs.

Avoir *un handicap ou* être *handicapé ?*

En nous lançant sa phrase provocante — « Je suis trisomique, et toi ? » —, Marie nous invite à nous interroger sur la question de l'identité chez un être marqué par une différence. L'un des écueils que rencontre l'enfant handicapé dans sa quête identitaire est la tendance générale à traduire la différence en termes de supériorité et d'infériorité. L'enfant handicapé est toujours celui qui a un « plus » ou un « moins ». Lors des consultations médicales, l'accent est mis sur ce que l'enfant a « en moins ». Dans les médias, lorsqu'il est question des enfants handicapés, on conclut inévitablement à un « plus ». Voici un exemple, pris dans un magazine : « Ce chromosome en plus serait-il celui de l'émotivité ? Écoutez les sanglots déchirants qu'il verse quand il assiste à un numéro de cirque. Ses larmes sont aussi cristallines que les rires des autres enfants, mais il a indéniablement ce "quelque chose en plus", une sensorialité de contradiction qui voltige au plus profond de l'imaginaire [1]. »

1. *Télérama*, janvier 1992.

Plus ou moins : cela répond à la même logique qui consiste soit à annuler leur différence, soit à les renvoyer à une altérité radicale. L'enfant est prisonnier de cette logique. À l'un des extrêmes, la différence est gommée, l'étrangeté est annulée. Cette situation concerne plutôt les enfants atteints d'un handicap léger. L'entourage tente de les maintenir dans une fausse normalité. On voit alors des enfants qui doivent sans cesse faire comme si leur handicap n'existait pas. Ils sont obligés de compenser ou de dissimuler leurs difficultés, au prix d'efforts surhumains et au risque de « craquer », parfois beaucoup plus tard dans la vie.

Dans ces cas, la méconnaissance des difficultés spécifiques de cet enfant amène à nier les problèmes qui viennent signer l'existence du handicap. C'est mettre l'enfant grandement en difficulté. Selon ce principe, bien des enfants ont été obligés de suivre une scolarité normale où ils se sont trouvés en situation d'échec, parce qu'ils ont des difficultés d'apprentissage précises et repérables, dont on n'a pas voulu tenir compte. L'enfant handicapé nié dans sa spécificité douloureuse ou idéalisé dans un mouvement de compassion n'est en réalité pas loin d'être rejeté. En tout cas, il n'est pas reconnu pour ce qu'il est.

À l'autre extrême, l'enfant handicapé est désigné comme l'autre radicalement différent, figure de l'étrangeté ou de l'horreur. Le handicap masque tout le reste de sa personnalité : il est handicapé ; il n'est que handicap. Les autres voient ses déficiences, mais ne voient plus ses possibilités. Comme personne n'attend rien de lui, lui-même risque de se voir comme un être démuni, sans avenir et sans potentialités. Il n'aura plus qu'à s'accommoder de cette image que les autres lui renvoient et, comme nous le verrons, y trouver des bénéfices, qui risquent de le fixer dans ce rôle de l'enfant anormal et même d'en accentuer les traits.

La présence d'un handicap accentue de manière redoutable la tendance à réduire l'identité d'une personne à l'un de ses aspects. La question revient en quelque sorte à définir le rapport entre l'identité d'un individu et le handicap qu'il porte. On dit aussi, parce que cela introduit justement une distance entre le sujet et son handicap, un « enfant porteur de handicap ». S'agit-il d'*avoir* un handicap ou d'*être* handicapé ?

« Tu es ceci. » Parole nécessaire, mais qui risque de devenir aliénante dès lors que l'individu se réduit à « cela ». On tombe alors dans le « profil psychologique » de l'enfant trisomique, sourd ou handicapé moteur. Resserrement de tout ce qui constitue un individu à un seul élément, son handicap, qui vient au premier plan et fait écran à tout le reste. L'enfant a besoin de se démarquer de cette appartenance à une identité trop réductrice. N'est-ce pas cela que voulait faire comprendre Paul, qui apostrophait l'entourage d'un : « Je ne suis pas handicapé ! » En réalité, Paul était un enfant très conscient de son handicap, Ne lui fallait-il pas se dessaisir d'une image qui devenait aliénante, parce qu'elle le réduisait à une unidimensionalité, toute son identité se limitant à la seule catégorie du handicap. Négation libératrice : je ne suis pas celui que vous dites. Ne voulait-il pas dire : je suis handicapé, peut-être, mais en même temps je ne suis pas que cela, ou du moins j'ai la liberté de m'imaginer le contraire de ce que je suis.

Avec son interjection provocante, Paul formulait à sa manière les idées de l'anthropologue Georges Devereux [1] sur l'identité ethnique. Devereux a montré, sur le

1. DEVEREUX G., « L'identité ethnique : ses bases logiques et ses dysfonctions », in *Ethnopsychanalyse complémentariste,* Paris, Flammarion, 1972.

plan ethnique, les conséquences désastreuses d'un tel appauvrissement de l'identité dû à la survalorisation d'une des catégories de l'appartenance au détriment de toutes les autres. « Lorsqu'une identité ethnique est hyperinvestie et oblitère toutes les autres identités de classe, elle cesse d'être une boîte à outils ; elle devient une camisole de force. » La négation provocante : « Je ne suis pas handicapé ! » est une façon d'affirmer ce besoin vital de n'être pas enfermé dans une catégorie et de faire valoir que, même si on est ceci, on est aussi, et en même temps, cela. « Si l'on n'est rien qu'un Spartiate, qu'un capitaliste, qu'un prolétaire, qu'un bouddhiste, écrit G. Devereux [et nous ajoutons qu'un handicapé], on est bien près de n'être rien du tout et donc de ne pas être du tout. »

L'enfant handicapé manifeste quelquefois sa saturation à entendre parler encore de « cela », qui occupe une place si envahissante dans sa vie. Il oppose alors un refus vigoureux à celui qui veut aborder avec lui le handicap ou se montre insupportable lors des consultations, qui, répétitivement et douloureusement, viennent lui rappeler sa blessure et la blessure qu'il cause à ses parents. D'être en permanence un lieu de déficience et un lieu de déception, par moments, il ne veut plus rien en savoir. D'écouter des mots qui désignent son anomalie, souvent, il ne veut plus en entendre parler. Il les rejette ou cherche à les détourner afin d'en faire un usage qui lui soit personnel.

Dans la difficile quête de son identité, l'enfant handicapé cherche un miroir, mais refuse en même temps de s'y reconnaître. Dans des groupes mixtes, on observe que les enfants handicapés alternent des moments où ils recherchent la compagnie de camarades ayant des problèmes semblables aux leurs et des moments où ils les fuient ou les refusent. Regardons Elsa, atteinte d'un handicap des membres inférieurs, au milieu de ses camarades dont certains sont handicapés et d'autres non. Les béquilles d'Elsa suscitent beaucoup de curiosité : les autres enfants veulent les saisir et s'en servir pour jouer. Elsa est enchantée de posséder ainsi un objet de convoitise pour les autres, et elle se sert bien évidemment avec délice de ce pouvoir, elle qui en a si peu. Elle prête ses béquilles, mais pas à n'importe qui. Curieusement, elle les donne plus volontiers aux enfants bien portants qu'aux enfants handicapés. Et il y a surtout un enfant auquel elle ne veut pas du tout les prêter, se mettant en colère dès qu'elle le voit en possession de ses cannes : c'est Clément. Or Clément est atteint du même handicap qu'elle... Image en miroir insupportable, qu'elle veut ignorer.

Au-delà de son interrogation sur la trisomie 21 (c'est quoi « être trisomique », en effet ?), Marie pose une question plus générale et plus dérangeante : « Et toi, peux-tu dire ce que tu es ? » Notre identité nous paraît évidente et acquise. Mais, en vérité, elle reste toujours fragile, paradoxale et contradictoire. L'identité est le fruit d'un long processus : elle se constitue dans un double mouvement d'assimilation et de rejet, d'introjection et de projection d'éléments venant d'autrui et du monde extérieur, que nous intériorisons afin de les faire nôtres. Malgré cette tendance à l'intégration, nous sommes composés d'éléments qui gardent leur caractère d'étrangeté. La révolution « copernicienne » de Freud a consisté à montrer précisément cela : tout comme la terre n'est pas le centre de l'univers, l'homme n'est pas maître dans sa propre maison. Notre sentiment d'unité, de continuité et de permanence du moi est en réalité la chose la plus étrangement inquiétante.

On préfère ignorer la précarité de l'identité, parce qu'on ne veut pas remettre en question cette construction si durement acquise et toujours si fragile. Tout ce qui fait chanceler l'illusion de l'unité et de la totalité de la personne est une menace, et suscite donc des défenses. C'est pourquoi on s'accroche aux éléments de son identité, les particularismes ethniques, religieux, nationaux, etc. On voit actuellement, dans le monde, des exemples dramatiques qui montrent à quel point la pensée identitaire peut être mortifère, lorsqu'elle cède à la tentation de la totalité. L'identité de l'un invalide alors celle de l'autre, ce qui conduit à l'exclusion, au racisme et au meurtre. Contrairement aux idées reçues, plus on se croit assuré de son identité, plus on est intolérant à l'égard de l'identité de l'autre. Avec son interpellation — « Je suis trisomique, et toi ? » —, Marie nous donne une leçon. Elle déchire la trame rassurante de notre identité pour faire apparaître les fractures de nos illusoires certitudes. Sommes-nous bien ce que nous pensons être ? Ce qu'elle nous enseigne — et la leçon déborde largement la question du handicap —, c'est qu'il faut accepter la part d'étrangeté en nous, dont Freud a montré qu'elle est présente en chacun, afin d'accepter la part d'étrangeté de l'autre.

J'aimerais me saisir des paroles d'Edmond Jabès : « Qu'est-ce qu'un étranger ? — Celui qui te fait croire que tu es chez toi. » Et les paraphraser en disant : Qu'est-ce qu'un handicapé ? — Celui qui te fait croire que tu es normal.

5

Pourquoi ?

Il faut écouter les enfants

> *« Mais, voyons, ma petite chérie, tu lui fais du mal à ce pauvre meussieu. Il ne faut pas brutaliser comme ça les grandes personnes.*
> *— Grandes personnes mon cul, répliqua Zazie. Il veut pas répondre à mes questions. »*
>
> Raymond QUENEAU

Dans le mythe œdipien, l'oracle oblige Œdipe à se poser la question de sa filiation. Cette question-là, tous les enfants se la posent : Qui suis-je ? D'où viennent les enfants ? Chez l'enfant handicapé, ces interrogations viennent s'intriquer avec le questionnement sur le handicap. Pourquoi suis-je handicapé ? Comment devient-on handicapé ? Reste-t-on handicapé ? Est-ce que cela partira quand je serai grand ? Qu'est-ce que mes parents m'ont fait ou qu'ai-je fait à mes parents ?

Les enfants nous questionnent

Les enfants nous questionnent. Mais ils formulent leurs questions de manière détournée et déguisée. Ce sont des messages à décoder. Et surtout les adultes préfèrent ne pas les entendre. Ils sont tous mal à l'aise, car les questions de l'enfant les renvoient à leur impuissance (on ne peut pas soigner ou réparer le handicap) et à leur ignorance (« Pourquoi suis-je handicapé ? »).

Pour les parents, le désir de savoir de l'enfant est une menace, car ses questions sont vécues comme autant de reproches, voire comme des accusations particulièrement cruelles. « Pourquoi suis-je handicapé ? » devient « Pourquoi m'as-tu mis au monde handicapé ? » Or « Il n'a pas demandé à venir au monde », répètent les parents dans les entretiens. Eux, qui l'ont mis au monde, sont fautifs de cette naissance et de cette anormalité. Toute question de l'enfant les renvoie douloureusement à cette culpabilité écrasante.

Les questions des enfants, pourtant, fusent : partout, à propos de n'importe quoi, au moment où l'on s'y attend le moins, sous des formes tantôt drôles, tantôt pathétiques. C'est dans un petit groupe qui mélange des enfants en bonne santé avec des enfants handicapés, que j'assiste à la scène suivante. Elsa est gravement entravée dans sa motricité. Elle ne tient debout que grâce à un appareillage compliqué d'attelles et se déplace à l'aide de deux béquilles. Son handicap est très visible et sa présence suscite beaucoup de questions de la part des autres enfants et des parents. Qu'est-ce qu'elle a ? Pourquoi ? Et ainsi de suite. Cependant, elle joue et parle et participe à la vie du groupe avec beaucoup de joie de vivre. Ce jour-là, elle se plante devant une petite fille, Caroline, éclatante de santé. Caroline, qui vient de tomber, a une grosse marque rouge sur la joue. Elsa pointe son doigt vers l'écorchure de Caroline et me dit : « Regarde, Caroline a un bobo. » Puis, plantant ses yeux droits dans les miens, d'une voix claire, elle me lance, comme une injonction : « Pourquoi ? »

Elsa, qui est en permanence la cible et l'origine de cette interpellation — *Pourquoi ?* —, me renvoie la question à propos d'une petite fille dont la bonne santé est évidente. Retournement de la situation, renversement des rôles : c'est elle qui interroge, c'est l'autre qui est porteur d'un stigmate. Elle projette sur sa petite camarade cette énigme qu'elle ne peut formuler directement pour elle-même. « Pourquoi suis-je handicapée ? » Le petit bobo insignifiant de Caroline lui donne l'occasion de m'interroger sur son grave handicap à elle et d'énoncer la question fondamentale que tout enfant handicapé doit pouvoir poser un jour : « Pourquoi ? »

Comment répondre à des questions aussi embarrassantes ? La peur de dire des paroles blessantes ou la crainte de faire des erreurs rendent nos réponses obscures et incertaines. Que dire par exemple aux enfants d'une maternelle lorsque arrive dans leur classe une petite fille trisomique ? Pour expliquer son manque d'autonomie et son retard de langage, une institutrice a dit : « Elle est petite. » Or il se trouve qu'elle est plus grande que les autres... « Mais elle est plus petite dans sa tête, elle ne peut pas faire les mêmes choses que vous. » Quand j'ai demandé à cette institutrice si cela lui paraissait impensable de dire : « Vanessa est trisomique », elle m'a répondu que cela l'embêtait, car « ils m'auraient demandé ce que c'est, et je n'aurais pas su répondre ». Oui, en effet, ce sont des questions sans réponse. C'est l'impossibilité de répondre aux questions de l'enfant qui inquiète les adultes, car elle révèle leur incompétence supposée, reflet inversé de leur toute-puissance illusoire.

Aux « pourquoi ? » plus ou moins déguisés de l'enfant, les adultes ne répondent pas, ou de manière si ambiguë que la confusion n'en est qu'augmentée. À Fabien qui demande : « Pourquoi je tombe tout le temps et pas les autres ? », on répond : « Mais les autres aussi tombent... » C'est vrai bien sûr. Mais c'est aussi faux. On ramène Fabien à une réalité générale : tous les enfants tombent. Mais on méconnaît sa réalité spécifique : du fait de son handicap moteur, il tombe beaucoup plus que les autres. N'est-ce pas une fin de non-recevoir opposée à sa question, et, dès lors, à toutes les questions qui s'enchaînent ? N'est-ce pas une dénégation des difficultés spécifiques et réelles de cet enfant, que l'adulte préfère minimiser, faute de pouvoir y remédier ? Il ne s'agit pas de réparer l'irréparable. Écouter la plainte de l'enfant privé de sa motricité n'est pas la lui rendre. Ce sont des questions qui appellent d'autres questions. Dès lors, l'objectif n'est pas d'apporter des réponses, mais d'amener les questions à se formuler.

Il faut parler aux enfants

La plupart du temps, l'enfant handicapé n'entend pas de paroles pour nommer ce qu'il est ou ce qu'il a. Faute de mots, l'enfant est sidéré, comme ses parents, et il devient alors impossible de verbaliser cette expérience particulière. L'inhibition intellectuelle secondaire que l'on observe chez certains enfants handicapés quand ils ont huit ou dix ans, alors que petits ils étaient vifs et intelligents, me paraît directement liée à cet évitement de toute interrogation. Si l'enfant ne rencontre que des adultes qui, face à cette tâche — voir le handicap de l'enfant, l'entendre, le penser et le parler — sont tellement angoissés qu'ils se replient dans des attitudes d'évitement et de faire semblant, il risque effectivement d'être lui-même pris par une paralysie de ses facultés intellectuelles. Mieux vaut ne pas penser plutôt que de penser des choses insupportables. Et si les adultes refusent d'en parler, c'est donc que ces pensées-là doivent être interdites. Raison de plus pour les mettre de côté. Mais en mettant de côté ces pensées, c'est tout l' « appareil à penser les pensées », comme le dit le psychanalyste anglais W. R. Bion[1], qui est mis au rebut. C'est jeter le bébé avec l'eau du bain.

Les enfants handicapés se heurtent à l'obstacle réel de leur déficience : leurs moyens intellectuels sont limités, leur langage est rudimentaire, leur compréhension et leurs performances sont marquées par la déficience. Est-ce pour autant une raison de penser que leur affectivité est différente de celle des autres enfants ? En vérité, ils suivent les mêmes étapes du développement affectif, et selon les mêmes processus. En effet, la butée de la réalité n'implique pas forcément la butée de la vie fantasmatique. Même chez les enfants atteints de déficience mentale, la vie imaginaire et la notion qu'ils ont de leur identité ne sont pas forcément marquées par cette « débilité ». Si cela arrive, c'est pour d'autres raisons, qui ne sont pas inscrites dans leurs gènes, ni constitutives de leur patrimoine biologique et congénital, mais qui tiennent aux répercussions psychologiques du handicap sur l'accès à la pensée symbolique. Les portes se referment puisque l'enfant n'est pas entendu. C'est ce que l'on appelle, d'un très vilain nom, le surhandicap.

Nathalie, quatre ans, trisomique, commence nos séances invariablement par le même comportement : elle enlève ses chaussures et ses chaussettes, s'installe confortablement, les doigts de pied en éventail, et reste ainsi un long moment, inactive mais sereine, à contempler ses orteils, tout en les bougeant avec délice. Ce jeu avec son corps évoque chez moi une image : je vois des oiseaux qu'elle débarrasserait de leur entrave en les sortant de leur cage, et dont elle explorerait la liberté toute nouvelle. Est-ce que les séances de psychothérapie représentent cela pour elle ? Un espace de parole libre,

1. BION W. R. (1965), *Transformations*, Paris, PUF, 1982.

débarrassé des contraintes et des exigences qu'elle rencontre inévitablement dans sa famille et les rééducations. L'équipe soignante a proposé une psychothérapie pour Nathalie à cause d'un blocage devant les apprentissages. Son langage reste pauvre, ce qui est en décalage avec son éveil, les mots se résumant à des sons mal articulés. Cependant elle aime nommer les jouets ou les images : garçon-fille, monsieur-dame, poule-coq reviennent sans cesse, mais dans une évidente confusion de l'identification sexuelle. Ses premiers dessins sont monochromes : elle n'utilise qu'une seule couleur par séance. Un jour tout est bleu, la semaine suivante, il n'y a que du vert, mais elle ne veut ou ne peut pas mélanger ou juxtaposer deux couleurs.

Les troubles de l'articulation du langage réflètent ce même empêchement à marquer les différences et les oppositions : différencier les êtres, les sexes, les couleurs, les phonèmes. Je cherche à savoir comment, dans sa famille, on parle avec Nathalie de son handicap et des séances de rééducation au centre. Les parents, trop traumatisés encore par la révélation du handicap, me disent qu'ils ne parviennent pas à parler à Nathalie de sa trisomie. Le mot les choque ; il leur fait mal ; ils craignent qu'il ne fasse souffrir Nathalie à son tour.

Quant à ses contacts avec d'autres enfants, Nathalie rencontre des enfants trisomiques au centre et fréquente des enfants du quartier à la maternelle. Les parents pensent que Nathalie ne fait aucune différence. Moi, je pense qu'elle perçoit très bien cette différence. Mais que faire d'une différence qui ne peut s'énoncer avec des mots ? Rien, dès lors, ne peut être énoncé chez cette petite fille qui a un bon niveau d'éveil et des capacités symboliques évidentes : c'est tout le langage qui est bloqué. Seul son jeu avec ses orteils exprime peut-être son désir d'être délivrée du carcan du silence familial, de s'envoler tel un oiseau.

Après en avoir parlé avec ses parents, j'aborde avec Nathalie la question de sa trisomie en la nommant. Spectaculairement alors, dans les semaines qui suivent, les mots se prononcent. La séance d'après, elle réalise des dessins avec deux couleurs. À partir du moment où les adultes autour d'elle ont nommé le handicap, mis des mots sur ce qui la distingue des autres, Nathalie pourra associer les paroles et les couleurs, les identifier, les différencier et les articuler. Un champ de signification communicative s'ouvre où peuvent se déployer les mots, les dessins et les pensées.

« Ce n'est pas qu'on ne m'écoute pas, mais quand-même... »

Parler à l'enfant de son handicap, cela paraît une évidence, mais en réalité c'est toujours une surprise, voire un scandale. Lorsque l'entourage parle à l'enfant, c'est le plus souvent en termes d'organisation matérielle de la vie : appareillages, rééducations, emploi du temps. Mais il est rarement question de sa vie psychique. Comment comprend-il sa situation ? Qu'en pense-t-il ? Qu'imagine-t-il ? Comment vit-il les frustrations permanentes ? Comment se voit-il ? Ce sont des questions sur lesquelles pèse un interdit. Un garçon de sept ans a prononcé un jour avec moi la phrase qui me paraît formuler au mieux l'ambiguïté de cette situation où l'on parle ouvertement en apparence, mais où rien n'est réellement abordé : « Ce n'est pas qu'on ne m'écoute pas, mais quand-même... »

En effet, les parents ne parlent pas en termes d'*histoire* (ce qui est arrivé à la naissance, ce que l'enfant a subi pendant la période néonatale), mais en termes d'*actualité* (il faut aller à la rééducation). Ils ne parlent pas en termes d'identité, c'est à dire d'*être*, mais en termes de *faire* (pour marcher, il faut faire telle ou telle chose). Ils ne parlent pas en termes de *désir*, mais en termes de *réalité*. On parle du handicap, mais pas de ce qu'il suscite sur le plan émotionnel (tu n'es pas l'enfant souhaité, nous aurions aimé avoir un enfant en bonne santé, ton handicap fait de la peine, à toi, à nous, à tes grands-parents). Si on aborde les contraintes, on ne parle pas des frustrations qu'elles impliquent. Si on parle des opérations, on évite les angoisses qu'elles suscitent. On évoque la maladie, mais pas l'inquiétude. Bref, lorsqu'on parle du handicap, c'est de la vie matérielle qu'il s'agit, mais non pas de la vie psychique. Ce qui est occulté, c'est l'expression des affects que suscite le handicap, car ceux-ci sont, comme nous le verrons, trop dangereux.

Deux questions en particulier sont toujours éludées. C'est d'abord celle qui concerne l'irréversibilité du handicap. On entretient chez l'enfant l'illusion d'une amélioration, voire d'une guérison. À Thomas, qui demande pourquoi il doit venir au centre de rééducation, on répond : « Si tu travailles bien avec Mme M., tu pourras marcher. » Or le handicap moteur de Thomas ne lui permettra peut-être jamais d'acquérir la marche... Dans l'esprit de l'enfant, l'impossibilité de marcher risque alors d'être vécue comme relevant de sa responsabilité : il n'aura pas assez bien travaillé avec Mme M. Ce type de réponses accentue la confusion de l'enfant et alimente sa culpabilité. Serait-ce une manière d'alléger celle de l'adulte ?

La deuxième question très difficilement abordée, voire activement contournée, est celle de la mort. Lorsqu'un risque de mort est lié à la maladie de l'enfant, les adultes sont trop angoissés eux-mêmes pour pouvoir prendre en considération l'angoisse de l'enfant, ce qui aboutit à des situations complexes, comme le montre l'histoire de Charles. Ce garçon de dix ans est atteint d'une tumeur au cerveau. Turbulent et angoissé, il déborde, il envahit, il court, il s'énerve tant qu'il a des malaises et « tombe dans les pommes », ce qui est particulièrement inquiétant pour des gens atteints du cerveau... Il semble chercher désespérément quelque chose. Quoi ? À savoir peut-être ce qu'il en est de sa maladie, de son avenir et du risque de mort lié à sa tumeur. Qui parle avec lui de sa maladie ? En fait, personne. Les parents sont très ouverts — « Chez nous on se dit tout » — mais très vite on s'aperçoit que ce tout exclut l'essentiel, c'est-à-dire le danger lié à sa tumeur et les angoisses de mort. Peut-on s'imaginer qu'il ne ressente pas les inquiétudes de l'entourage à son sujet ?

En « tombant dans les pommes », Charles ne pose-t-il pas des questions en montrant concrètement sa maladie, en rendant visible ce qui est caché et non-dit ? Curieusement, tout le monde semble se donner le mot pour avoir avec lui le même type de réaction qui consiste à le tromper en travestissant la vérité. Ce qu'il faut cacher à tout prix, c'est l'idée de la mort, qui suscite une telle angoisse chez les adultes, parents et éducateurs, qu'ils en sont conduits à avoir des attitudes aberrantes, comme en témoigne l'histoire suivante.

Un jour, au poney-club, où il se rend chaque semaine avec l'école, il demande un « poney-garçon ». Comme il n'y en a pas de disponible, l'écuyer propose à l'éducateur un poney-fille en disant : « Vous n'avez qu'à lui dire que c'est un garçon. » Craignant la colère de Charles, l'éducateur accepte, et les adultes vont jusqu'à changer le prénom féminin du poney en un prénom masculin... Leurre et dénégation semblent être le lot de

Charles. Mais, bien entendu, plus il est dupé, plus il devient agité et plus l'entourage s'enferme dans des faux-semblants. Il cherche un interlocuteur qui n'aurait pas peur de parler avec lui de sa maladie et de l'idée de mort qu'elle implique.

Les frères et sœurs aussi

Les frères et sœurs de l'enfant handicapé posent aussi des questions. Ils sont touchés à vif par des interrogations, plus ou moins explicites, plus ou moins lourdes de conséquences sur leur devenir. Leurs choix professionnels sont bien souvent déterminés par leurs préoccupations infantiles au sujet de ce frère ou cette sœur handicapé(e), et motivés par le souhait de soigner ou de comprendre. « Moi, plus tard, je serai une dame qui aide les enfants à parler », dit Héloïse, cinq ans, qui est la seule dans l'entourage à comprendre le jargon de son grand frère. Le handicap suscite des questions troublantes, toujours présentes même si elles ne sont pas très clairement formulées. Comment les mêmes parents ont-ils pu concevoir un enfant handicapé et un enfant en bonne santé ?

Céline, quatre ans, qui a un grand frère trisomique, cherche à comprendre. Tout comme les adultes, elle est troublée par la déficience de son frère. Les enfants sont troublés autant que les adultes par l'atteinte intellectuelle, et en particulier la déformation du langage et l'absence d'autonomie, qui touche à ce qui est proprement humain. Plus troublés peut-être, parce qu'ils sont justement dans la phase de construction de leur identité qui n'est pas encore solidement établie et que l'enfant handicapé leur envoie une image en miroir qui remet en cause leur intégrité et leur autonomie si durement acquise.

Une des questions que Céline pose de manière insistante est de savoir comment on devient handicapé. Face à l'étrangeté incompréhensible de ce frère, elle exprime sa crainte de devenir, elle aussi, handicapée, et cherche à se protéger du danger d'être comme lui. Pourquoi Bertrand est-il handicapé et elle non ? Et surtout, est-ce qu'elle ne risque pas de devenir handicapée elle aussi ? Les réponses des adultes ne la rassurent pas. Tourmentée par cette question de savoir comment on fait des bébés handicapés, elle en vient à accuser sa mère : « C'est ta faute. Si tu l'avais fait avec une autre graine, il ne serait pas handicapé. » Dans les questions de Céline, je perçois l'inquiétude de cette petite fille à propos de la transmission du handicap. L'anomalie de son frère la touche dans sa propre capacité à procréer. Elle craint d'avoir elle aussi un bébé handicapé. Doit-elle subir le même destin que sa mère ? A-t-elle le droit d'y échapper ?

À travers le dialogue avec un adulte, Céline peut prolonger ses questionnements et poursuivre son évolution de petite fille qui a un frère handicapé. Marie, qui interpellait l'entourage avec sa phrase provocante « Je suis trisomique, et toi ? », continue elle aussi ses élaborations interprétatives afin de construire son identité avec sa différence. Charles, lui, cherche désespérément, à travers ses colères et ses caprices, une personne qui parlera avec lui de l'évolution inquiétante de sa maladie, plutôt que de lui proposer des réassurances factices. L'enfant a besoin d'interlocuteurs qui ne se dérobent pas à ce dialogue nécessaire et qui ne craignent pas de nommer le handicap, la maladie, la mort, et de mettre des mots sur les angoisses qui s'y rattachent. Si des paroles ne sont pas prononcées, donnant un sens à cette réalité du handicap, tout reste bloqué, tel un point opaque obscurcissant la vie psychique. Le non-dit plonge l'enfant dans une impuissance qui le laisse sans voix et sans pensée. La pire des souffrances est celle qui ne peut se dire, être entendue et partagée. La plus troublante étrangeté est celle qui ne peut être nommée.

Comment nommer cette étrangeté ?

Le non-dit, on l'a vu, entraîne des conséquences lourdes, pour tous les membres de la famille. Ne pas parler à l'enfant, éviter les mots qui désignent son handicap, ne pas aborder la question ouvertement avec les frères et sœurs, c'est laisser s'installer un silence plein de menaces. Lorsque les mots sont absents, l'enfant se débat dans le vide. Mais lorsqu'ils sont présents, ils peuvent se révéler aliénants. Les mots sont nécessaires, mais dangereux. À partir du moment où des paroles sont prononcées pour nommer le handicap d'un enfant, on sort de la zone obscure et paralysante du non-dit, mais on entre dans une zone de turbulences, car les mots ne sont jamais neutres.

Tout comme, dans l'Antiquité, l'effigie de la Méduse servait d'*apotropaion,* c'est-à-dire qu'elle avait le pouvoir de détourner le mauvais sort et de faire fuir les ennemis, les mots eux aussi ont ce caractère de protéger et de terrifier à la fois. Ils servent à exorciser : en nommant l'inquiétante étrangeté, on espère éloigner son pouvoir nuisible. Le diagnostic qui permet de désigner le handicap d'un enfant conjure les aspects terrifiants d'une anomalie d'origine inconnue. Les mots protègent de la terreur sans nom en la maîtrisant par le langage. Mais ils en appellent d'autres. Ils sont chargés d'affects, d'images, de mythes, de souvenirs. Ils évoquent des figures : les absents, les morts et les fantômes. Ils peuvent devenir des étiquettes. Il y en a qui vous collent à la peau.

D'une manière générale, les parents abordent difficilement dans leur famille ou leur entourage le handicap de leur enfant. Tous les parents butent sur l'obstacle des mots. Les mots eux-mêmes, lorsqu'il s'agit de désigner le handicap, prennent un caractère d'étrangeté et gardent un statut d'extériorité par rapport à ce qui est vécu. Comment en parler ? Bien souvent les parents ne parlent pas. Les paroles pour dire ce qui arrive ne circulent pas, ni à l'intérieur du couple parental, ni dans la fratrie, ni dans l'entourage, famille élargie ou amis.

La difficulté à nommer l'anomalie de l'enfant se retrouve dans toutes les cultures et toutes les langues. Lors d'entretiens avec des parents immigrés, je leur demande souvent dans quels termes ils parlent de l'enfant handicapé. Dans leur langue, dans leur culture, comment est nommé le handicap de l'enfant ? Il est surprenant de constater à quel point les réponses sont vagues. Le plus souvent, il n'existe pas de mot spécifique pour désigner le handicap de leur enfant, disent-ils. Ils utilisent plutôt la terminologie occidentale : les termes médicaux sont plus faciles à prononcer, car ils sont éloignés des mots familiers, chargés d'émotions, de la langue maternelle, et servent de défense contre l'horreur que suscite l'anormalité d'un enfant. Lorsque certains mots sont évoqués, ils sont généralement très flous.

Ce silence peut aussi s'interpréter comme une forme de superstition : dire le mot, c'est donner réalité à la chose, ce serait même la faire advenir. Freud [1] rapporte les tabous concernant les mots et les noms. Dans beaucoup de sociétés primitives, il est interdit de prononcer

1. FREUD S. (1913), *Totem et Tabou,* Gallimard.

le nom du mort, parce que le nom constitue une partie essentielle de la personnalité et possède une signification concrète. Il en va de même pour les mots qui désignent l'anomalie de l'enfant. Les attitudes sont alors gouvernées par cette mentalité magique décrite par Freud, caractérisée par la toute-puissance de la pensée : dire le mot c'est concrétiser la chose ; ne pas le dire serait une façon de l'annuler magiquement. D'où la difficulté à nommer le handicap, même lorsque les mots existent.

Handicap, un mot récent

Le mot « handicap », en réalité, prête à bien des confusions. En effet, quand on parle de handicap, on désigne, en même temps et sans clairement les différencier, la cause (anomalie organique, maladie, malformation, etc.), mais aussi sa conséquence (c'est-à-dire le fait d'être en situation d'écart par rapport à une norme). Si le mot handicap met tellement mal à l'aise, il faut en rechercher les raisons. D'où vient-il ? Et que recouvre-t-il ?

Il est assez surprenant de constater à quel point le mot handicap est récent. Nous sommes tellement habitués à désigner par ce terme différentes catégories de personnes, et même à l'utiliser dans notre langage courant, qu'il est difficile d'imaginer qu'en fait il n'est entré dans la langue française que depuis peu. Les handicaps ont toujours existé, certes, mais ils n'étaient pas perçus ni répertoriés de la même manière. « Nous rassemblons aujourd'hui, sous le mot handicap, des atteintes au corps ou à l'esprit qu'il ne serait venu à l'idée de personne de mettre sous le même vocable, il y a seulement soixante ans. Le handicap est une nouvelle figure historique de l'infirmité », écrit H. J. Stiker[1]. Le mot handicap apparaît au début du siècle dans la littérature, mais il ne sera utilisé dans son sens médico-social actuel qu'à partir des années soixante. C'est donc un mot qui a pris en quelques décennies une importance qui ne cesse de s'accroître.

Avec le mot handicap, s'est constitué un nouveau champ qui regroupe des pathologies et des atteintes diverses et qui correspond à un mode de prise en charge et à des stratégies sociales de la société occidentale contemporaine. C'est un champ qui a tendance à s'étendre et à englober des situations nombreuses et variées, de plus en plus hétérogènes. D'un côté, on parle de handicap social, pour désigner un écart à la norme sociale, qui n'a rien à voir avec une atteinte des moyens physiques ou psychiques d'un individu. De l'autre, on a de plus en plus tendance à utiliser le mot handicap pour des pathologies qui sont du registre de la maladie mentale. Ces changements s'inscrivent dans une histoire sociale et un rapport de forces politique. Ils signifient un glissement de la notion de soin vers la notion de rééducation, du traitement thérapeutique vers une démarche réparatrice. Ainsi, pour les enfants autistes, certaines associations de parents revendiquent qu'on les inclue dans la catégorie des handicapés. L'objectif de ce changement sémantique est d'échapper à l'emprise de la psychiatrie. On oublie bien souvent ces enjeux politiques, historiques et sociaux qui entourent la notion de handicap et qui déterminent, souvent à notre insu, nos choix et nos démarches.

1. STIKER H. J., « De la métaphore au modèle : l'anthropologie du handicap », in *Cahiers ethnologiques*, n° 13, 1991. Pour une étude plus détaillée de l'histoire et de l'anthropologie de la notion d'infirmité, la lecture de son ouvrage *Corps infirmes et sociétés*, Paris, Aubier, 1982, est très enrichissante.

Étymologiquement, le mot handicap vient du mot anglais *handicap*, contraction de *hand in cap*, « la main dans le chapeau ». Le mot a désigné au XVIIe siècle un jeu où l'on se disputait des objets personnels dont le prix était proposé par un arbitre, la mise étant déposée dans une coiffure *(cap)*. Par la suite, le mot handicap exprime l'idée d'égaliser les chances des concurrents en imposant aux meilleurs de porter un poids plus grand ou de parcourir une distance plus longue. Par métonymie, le terme se dit de tout désavantage imposé dans une épreuve à un concurrent de qualité supérieure. Comme le montre H. J. Stiker, l'étymologie du mot correspond donc à une certaine idéologie, liée à cette origine turfiste, qui n'est pas celle que l'on croit habituellement. De par son origine, le handicap n'indique pas tant le rejet de celui qui est écarté de la norme, mais au contraire elle implique l'idée d'une égalisation des chances par un système de compensations, en donnant une charge supplémentaire aux meilleurs afin de limiter leurs performances. En effet, comme nous l'avons vu à propos de l'exclusion, la société contemporaine se donne comme objectifs, en tout cas officiels, de réduire les écarts, d'insérer les exclus et d'intégrer les handicapés.

Chaque mot possède des connotations qui plongent leurs racines dans des déterminants historiques, sociologiques, anthropologiques et psychologiques complexes. L'historique du mot « mongolien », traditionnellement utilisé pour désigner les enfants porteurs d'une trisomie 21, offre une illustration exemplaire de ces connotations. Ce terme, qui renvoie à une notion de race, est apparu dans le contexte du XIXe siècle, qui accordait une extraordinaire importance au cerveau, à la suite des travaux de Broca. L'arrière-plan idéologique de ce mouvement consistait à classer les races selon des critères biologiques et à mettre dans la même catégorie, considérée comme inférieure, les primitifs, les enfants, les femmes et les déficients mentaux, tous atteints d'une dégénérescence en rapport avec la taille de leur cerveau. Le docteur Down, qui, en 1866, a décrit le syndrome de la trisomie 21, établit en effet une comparaison entre les enfants atteints de cette anomalie et une catégorie raciale et, dans les deux cas, explique ces traits par une dégéneresscence. « Un très grand nombre d'idiots congénitaux sont des Mongols typiques. Cela est si manifeste que, lorsqu'on les place côte à côte, il est difficile de ne pas les croire issus des mêmes parents. » Et plus loin il décrit un enfant atteint de trisomie 21 dans les termes suivants : « L'aspect du garçon est tel qu'il est difficile de se rendre compte que c'est un enfant d'Européens, mais ces caractères se reproduisent si fréquemment que, sans le moindre doute, ces traits ethniques sont le résultat d'une dégénérescence. »

Le terme « mongolien » est actuellement devenu un mot tabou. On s'interdit de l'utiliser. Il continue cependant d'exister dans le langage populaire. Et qui n'a ce mot-là à l'esprit lorsqu'il se trouve face à une personne atteinte de cette anomalie ? On parle actuellement d'enfants « trisomiques ». Ce terme est beaucoup plus neutre, puisqu'il est issu du langage scientifique. Mais c'est un mot qui tend à médicaliser cette réalité, au détriment de sa dimension existentielle. Et que penser de l'usage des Anglo-Saxons qui appellent les enfants porteurs d'une trisomie 21 les *down-syndrom children* ? En anglais, *down* signifie aussi « en bas », et évoque une idée d'infériorité ou de dépression. Comment, dès lors, nommer les enfants porteurs de la trisomie 21 ? Et pour tous les autres enfants, que leur handicap corresponde ou non à un diagnostic précis, la dénomination de leur particularité est nécessaire, mais risque toujours d'être restrictive et dévalorisante.

6

L'enfant, créateur de mythes

Histoire, mémoire et psychothérapie

Dans le noir, dans le soir sera sa mémoire
Dans ce qui souffre, dans ce qui suinte
Dans ce qui cherche et ne trouve pas
Dans le chaland de débarquement qui crève
sur la grève
Dans le départ sifflant de la balle traceuse
Dans l'île de soufre sera sa mémoire.

Henri MICHAUX

Lorsque je rencontre pour la première fois Arthur, il est âgé de vingt mois, et j'ai quarante ans. Arthur fréquente le centre d'action médico-sociale précoce depuis quelques mois pour une rééducation kinésithérapique ; j'y travaille et j'y ai mes habitudes depuis une quinzaine d'années. Atteint d'une grave infirmité motrice cérébrale, Arthur a besoin d'être porté pour venir dans mon bureau : son corps d'enfant handicapé soutenu par mon corps d'adulte ; lui couché par terre, moi debout. En somme, la rencontre entre Arthur et moi est placée d'emblée sous le signe de l'inégalité.

Une rencontre singulière

Voici donc Arthur, qui depuis près de deux ans s'obstine à exister avec un corps gravement abîmé depuis la naissance ; et me voici moi, prête à replonger dans une nouvelle rencontre, à suivre des itinéraires cliniques et théoriques déjà connus et expérimentés, mais aussi à laisser surgir du nouveau : ce qui constitue la singularité de cet être-là. Singularité qui ne pourra émerger que dans un effet de surprise, c'est-à-dire avec une personne qui accepte de se laisser surprendre, donc d'abandonner ses présupposés théoriques et tout savoir a priori, médical ou psychologique, sur ce que serait l'enfant handicapé. *Je ne sais rien de mon patient.* Cette position est particulièrement difficile à tenir avec un jeune enfant qui est accompagné par des adultes, ses parents, qui racontent son histoire, complètement intriquée à la leur. Plus difficile encore lorsque cet enfant vous arrive entouré de soignants et avec un dossier médical très lourd.

En effet, l'histoire néonatale d'Arthur est dramatique : enfant prématuré, naissance catastrophique, grave complication pour la mère, deux mois d'hospitalisation, diagnostic d'infirmité motrice cérébrale à un an. Donc une naissance traumatique aussi bien pour l'enfant que pour la mère, et un enfant handicapé. Telle est l'histoire clinique qui m'est adressée. Mais, comme dans toute histoire, il y a plusieurs versions possibles. La version officielle : l'histoire médicale de cet enfant et de son handicap. Puis la version des parents — comment cet enfant vient-il s'inscrire dans leur histoire ? — qui va infléchir et orienter largement l'histoire de l'enfant.

Mais il y a aussi la version d'Arthur, officieuse, subjective, balbutiante, telle qu'il a pu me la raconter à travers ses séances de psychothérapie, telle que nous l'avons construite ensemble, lui et moi, au fil de nos rencontres. Aucune version ne sera définitive, pas plus celle d'Arthur que les autres, car toutes sont sujettes aux glissements de sens qu'introduisent le temps, la maturation, le travail de la mémoire et de l'oubli. D'autres interprétations sont possibles, car toute histoire est soumise à une réinterprétation incessante.

Pour Arthur, je suis une personne entièrement nouvelle. Ce que je propose est inédit : passer ensemble, sa mère, lui et moi, trois quarts d'heure à parler de lui, de son handicap, de son histoire, de ce que sa naissance a provoqué dans sa famille. Pas de gestes rééducateurs, pas d'examen de son corps, pas de diagnostic. Son regard neuf, vierge, croise le mien qui est chargé de souvenirs d'autres enfants venus ici, puis partis ailleurs, après avoir fait avec moi un bout de chemin. Nous, les soignants de la première enfance, sommes destinés à être oubliés. Mais, pour notre part, nous n'oublions pas et continuons à porter en nous ces chemins parcourus ensemble, ces corps d'enfants abîmés, le sort de ces êtres marqués par une différence radicale, qui remet en cause toutes nos certitudes.

L'asymétrie de la relation thérapeutique entre le psychanalyste, si versé dans les raffinements et les nuances de la vie affective, et un enfant qui commence tout juste à éprouver ses émotions et à apprendre à les reconnaître, est accentuée avec Arthur qui, du fait de son jeune âge et de son handicap, ne dispose ni du langage, ni d'aucun contrôle de sa vie émotionnelle, ni même de la maîtrise de son corps. En réalité, cette asymétrie est caractéristique de toute relation entre un enfant et un adulte. Le monde adulte auquel est confronté l'organisme naissant de l'enfant déborde largement ses possibilités de compréhension. La mère anticipe, dans ses sollicitations à l'égard de son enfant, sur les possibilités de celui-ci à la comprendre et à lui répondre. De même, le psychanalyste anticipe sur les capacités de verbalisation et de symbolisation de son petit patient. Cette anticipation fait violence à l'enfant ; mais il s'agit d'une violence nécessaire. La situation psychanalytique reproduit cette séduction originaire [1].

Séduite, je le serai et la preuve en est mon désir d'écrire sur cet enfant qui a suscité en moi des émotions et un effet de surprise particulièrement forts. Séductrice, je le suis dès le moment où j'accueille Arthur dans mon bureau et lui offre mon cadre — mes constructions, ma psyché, mes signifiants, ma capacité à penser — pour qu'il y projette ses expériences brutes et que nous tentions ensemble d'en faire une histoire. Séductrice, dès lors que je lui parle, à lui qui ne parle pas. Les mots seraient la tentation, le fruit de l'arbre de la connaissance, que le psychanalyste, serpent tentateur, incarne pour son patient. Je parle et je t'invite à parler. Tel serait mon premier message, ma première invitation.

1. Piera Aulagnier considère cette dissymétrie fondamentale comme l'une des caractéristiques principales et fondatrices de la rencontre inaugurale de l'enfant avec la mère : « Le dire et le faire maternels anticipent toujours sur ce que l'infans peut en connaître, si l'offre précède la demande, si le sein est donné avant que la bouche sache que c'est de lui qu'elle est en attente, ce décalage est encore plus évident et plus total dans le registre du sens. La parole maternelle déverse un flux porteur et créateur de sens, qui anticipe de loin sur la capacité de l'infans d'en reconnaître la signification et de la reprendre à son compte. » (*La Violence de l'interprétation*, Paris, PUF, 1981.)

Jean Laplanche propose une autre façon de formuler cette dissymétrie en décrivant le monde adulte auquel est confronté l'organisme naissant comme « un monde de signifiance et de communication, débordant de toutes parts les capacités d'appréhension et de maîtrise de l'enfant... Ces signifiants originaires, traumatiques, nommons-les signifiants énigmatiques ». (*Nouveaux Fondements pour la psychanalyse,* Paris, PUF, 1987.)

Un message à déchiffrer

L'entourage s'inquiète des comportements d'Arthur qui évoquent la psychose : il se frappe, donne des claques, flaire tous les objets, pousse des cris. À notre première rencontre, en effet, Arthur me met une claque au visage dès que je m'approche pour lui dire bonjour. Ma réaction immédiate, spontanée, est de lui dire : « Mais qu'est-ce que tu veux me dire par là ? » Cette parole ouvre d'emblée un espace où pourra se dérouler un processus psychanalytique : je ne suis pas là pour observer tes gestes, ni les modifier, ni les réprimer (sauf bien sûr pour éviter que tu ne te fasses ou ne me fasses mal), mais pour les interpréter, ou plus exactement pour en rechercher avec toi le sens et trouver comment ils s'inscrivent dans ton histoire.

Pendant plusieurs mois, je vois ensemble la mère et l'enfant. À chaque entretien, je redis à Arthur ce dont nous parlons et je suis attentive à toutes ses expressions, que je commente. Mais Arthur manifeste peu d'intérêt pour moi ; il m'observe d'un air interrogateur et méfiant. Un jour, cependant, au moment où je vais le chercher dans la salle d'attente, il me tend les bras et, à ma grande surprise, je comprends que, ce jour-là, il veut venir seul. Séance inaugurale d'une psychothérapie qui a duré plusieurs années. Démonstration exemplaire de l'utilisation par un enfant très démuni du processus et du cadre psychanalytiques.

Arthur, âgé alors de deux ans et demi, dispose de quelques mots — « maman », « papa », « camion », « bébé », « cassé » et « C'est chaud ça ! » — qu'il répète inlassablement comme une litanie dépourvue de sens. Je m'obstine pourtant à penser qu'il y a toujours du sens. Et ce jour-là, à l'aide de quelques mots et de quelques jouets, il me fait comprendre l'expérience traumatique et irreprésentable qui a été la sienne et qui risque de le faire basculer du côté de la folie.

Arthur, qui refuse toujours les jeux de remplissage si typiques de son âge, veut mettre un bonhomme à l'intérieur d'un camion, puis le jette violemment en disant : « C'est chaud ça ! » Il crie : « Bébé ! », puis : « Cassé ! » L'image que suscite en moi ce jeu assez incohérent est la rupture catastrophique de sa naissance qui l'a fait sortir brutalement de là où c'était chaud, espace clos et sécurisant que figure le coffre du camion, vers un extérieur menaçant où il n'a connu que des souffrances. Ce que je vois, c'est un enfant qui cherche désespérément à faire le lien entre cet avant et cet après en répétant partout et toujours : « C'est chaud ça ! »

« Bébé-cassé » et jeté, n'est-ce pas lui, le bébé Arthur handicapé, donc un bébé à jeter, un bébé qui ne mérite que des claques ? Le « camion-cassé », n'est-ce pas sa mère, tellement abîmée dans son corps de femme par cette naissance, donc par lui ? Il porte la culpabilité d'être à l'origine de cette catastrophe.

Au cours de cette même séance, Arthur me surprend en se montrant capable, avec les moyens limités dont il dispose, d'une réflexion sur son être-au-monde, qu'il dégage, tel un philosophe, de sa situation douloureuse et particulière. Dans ses jeux, il a une prédilection pour une petite voiture, dont la roue se détache toujours. C'est celle-là qu'il choisit de faire rouler, jusqu'au moment inévitable où elle ne roule plus parce qu'elle perd sa roue... Bêtement, je remets la roue et à chaque fois, obstinément, Arthur l'enlève, la jette et fait ostensiblement rouler la voiture sans roue. Cette voiture n'est-elle pas une métaphore de son existence d'enfant qui doit vivre et se mouvoir sans l'usage normal de ses jambes ? C'est comme s'il me disait, avec colère et ironie : « Tu sais bien que je ne suis pas là pour que tu me répares, d'ailleurs on ne peut pas me réparer, mais pour que tu comprennes ce qu'il m'arrive. »

Mieux que moi, à ce moment-là, cet enfant de deux ans avait compris ce qu'est une psychothérapie : non pas une tentative de réparation, mais un lieu où on peut mettre en mots toutes les expériences, psychiques, émotionnelles, corporelles. Dans cet exemple, on voit comment c'est l'enfant qui parvient à faire comprendre cela, sans passer par sa mère.

Il y a de quoi devenir fou

Une des spécificités de la souffrance de l'enfant déficient ou handicapé est le décalage énorme, quasi insurmontable, entre son monde intérieur et ses possibilités de l'exprimer[1]. Le handicap, du fait des limites qu'il impose aux capacités langagières et aux moyens intellectuels, empêche l'enfant de communiquer ses émotions et ses pensées. De plus, cet enfant se trouve souvent face à des adultes qui ne veulent ou ne peuvent l'entendre, car ils sont eux-mêmes traumatisés par le handicap. Pourtant, cet enfant qui ne peut s'exprimer, ou dont les expressions rencontrent une incompréhension figée, passe par les mêmes phases que les autres enfants. C'est une évidence, mais on oublie si facilement les évidences... Il vit à l'intérieur de lui-même des expériences émotionnelles intenses, mais son corps ne lui permet pas de les réaliser ; ses possibilités intellectuelles ne lui permettent pas de les communiquer par la

1. L'écrivain irlandais Christopher Nolan, atteint d'une infirmité motrice handicapant gravement ses possibilités d'expression, décrit de façon remarquable ce décalage douloureux entre sa riche vie intérieure et l'impossiblité de la communiquer dans son roman *Sous l'œil de l'horloge,* Balland, 1988.

parole ou le geste ; enfin et surtout, il ne peut les partager avec personne. Il y a de quoi devenir fou.

Pourquoi est-il si difficile de tenir compte de la vie psychique de ces enfants ? C'est probablement parce que l'étiologie du handicap est d'origine biologique. Par conséquent, le risque est grand de mettre toute l'attention sur l'organicité, au détriment de la dimension psychique. Le corps malade, abîmé, marqué, voire monstrueux, introduit une opacité. Le handicap rend sourd et aveugle. N'y aurait-il rien à voir et rien à entendre ? C'est oublier que le symptôme organique existe, certes, inévitable et incontournable, mais ce n'est pas parce qu'un sujet est réellement atteint dans son corps qu'il cesse de rêver, de fantasmer, d'avoir toutes sortes de pensées à propos de son infirmité. Pourquoi un enfant atteint d'un handicap n'aurait-il pas également un blocage psychologique ? Ou des symptômes dépressifs ? Ou des troubles névrotiques ? Tout se passe comme s'il fallait choisir. Ou il est psychotique ou il est handicapé. Ou il a une atteinte organique ou c'est un « blocage » d'origine psychologique. L'un *ou* l'autre.

Ce clivage s'appuie sur une image schématique et erronée du modèle biologique et des modes de pensée courants de la médecine ou de la pédagogie. La médecine, ou du moins une certaine conception de la médecine, aimerait réduire l'ensemble des phénomènes humains au registre du biologique. Tout est inscrit dans les gènes. L'ordre biologique règne en maître, cause première et ultime, chargé de l'explication exhaustive du monde. Pour faire place aux potentialités évolutives d'un enfant, il faut se dégager de cette fascination qu'exerce l'idée d'une prédétermination biologique — réédition actualisée de la prédestination divine ? — faussement garante de vérité scientifique. Les enfants eux-mêmes nous montrent qu'il faut sortir d'une conception clivée de l'organique et du psychique.

Malgré les limites que le handicap leur impose, la plupart d'entre eux réussissent à établir, malgré tout, des modalités de communication avec l'entourage. Ils sont comme le fleuve qui finit par trouver la mer. Arthur prend un téléphone en plastique monté sur des roulettes, joue d'abord avec le fil qui sert à le tirer, c'est-à-dire un fil dont l'extrémité n'est rattachée à rien, un fil cassé, symbole peut-être d'une communication interrompue ou impossible, puis me donne l'écouteur tout en tenant l'appareil, ce qui fait que nous tenons chacun un bout du téléphone et sommes reliés par un fil qui pourrait représenter la communication qui s'établit entre lui et moi, et le cadre psychanalytique que je lui propose, qu'il a testé pendant quelques mois en m'écoutant parler avec sa mère et qu'aujourd'hui il a voulu investir pour son propre compte.

Dans les semaines qui ont suivi cette séance marquante, on observe chez Arthur des changements qualitatifs, en particulier dans le domaine du langage. Il commence à associer les mots, utilisés jusqu'alors de manière isolée, peut-être parce que ayant pu rétablir la continuité entre l'avant et l'après du « changement catastrophique » il peut relier les mots et les choses, les combiner entre eux en des chaînes signifiantes. Il s'installe dans le monde symbolique et par conséquent les symptômes psychotiques s'atténuent. Il découvre la négation : « non, non ! », « *pas* chaud », « *pas* voiture ». Il devient très opposant. Il dit « au revoir ! » pour « bonjour ! » et « bonjour ! » pour « au revoir ! » Il s'excite, crie, crapahute à quatre pattes, fait le fou dans la salle d'attente. Il veut aller partout sauf là où on veut l'amener ; je le sens en révolte, ivre d'une liberté qui lui est si difficile à conquérir. Je pense au personnage de Melville, Bartleby, l'employé de bureau qui, à toute demande de son patron, oppose la réponse « I prefer not », « J'aimerais mieux pas ».

À trois ans passés, n'ayant pas acquis la marche, Arthur doit être pris dans les bras et porté pour aller d'un endroit à un autre. Je me demande comment il vit cette dépendance : il ne peut pas partir en courant comme le font les enfants de son âge. Il est freiné sans cesse par les limites qui s'opposent, du fait de son handicap, à sa tentative d'exprimer ses pulsions agressives. Courir, donner des coups de pied, injurier, faire des bêtises, désobéir, autant de comportements évidents de l'enfance qui lui sont plus ou moins interdits. Comment échapper physiquement aux adultes qui exercent une telle contrainte sur son corps si frêle et si petit ? Quelle résistance peut-il opposer à l'autre qui est tellement plus fort que lui physiquement ? Une résistance psychique : se mettre ailleurs, s'enfuir, dire n'importe quoi, ou dire son opposition par des décharges verbales. C'est ainsi que je comprends ses comportements qualifiés de « psychotiques », les sauts du coq à l'âne, l'excitation maniaque, les rires ou les paroles sans rapport apparent avec la situation, l'opposition excessive.

Un jour, Arthur prononce une phrase énigmatique, qui résume à elle toute seule la singularité de sa position. « Arthur, il veut m'asseoir. » Qui veut asseoir qui ? Où est le sujet ? Qui est Arthur ? À qui est son corps ? Qui meut son corps ? Qui est maître de ses mouvements ? La multiplication des pronoms illustre la confusion des identités chez un enfant qui, dès sa naissance, a été confronté à l'impossiblité de maîtriser son propre corps. Le « il » pourrait devenir un double qui le commande et l'aliène dans une position psychotique. Heureusement, il s'agit ici d'une étape dans sa difficile accession à devenir sujet, plutôt que d'une structuration sur un mode psychotique. Arthur veut se déprendre de cette emprise. « Arthur, il veut m'asseoir » : l'enfant cherche le « je » à travers le « il ». Mais, pour l'instant, la première personne ne peut apparaître que sous la forme du « me », complément d'objet direct. L'erreur syntaxique est révélatrice d'une vérité psychologique, *sa* vérité : depuis sa naissance, à cause de la dépendance que le handicap provoque et maintient, Arthur est l'objet des manipulations des autres, l'objet de leur désir ou de leur rejet. À travers cette forme grammaticale, il dit qu'il est objet et non pas encore sujet.

Le mythe de la naissance ou la naissance d'un mythe

Commence alors une longue période où va se construire l'histoire de la période néonatale et où vont se dessiner les interrogations et les interprétations de l'enfant par rapport à son arrivée au monde et à son handicap. En construisant le mythe de sa naissance, Arthur donne naissance à un mythe [1].

Après coup, il n'est pas évident de démêler la part de ses expressions spontanées et de mes interprétations. Si je n'avais pas pris des notes précises après chaque

1. Voici ce qu'écrit Mircea Eliade à propos des mythes d'origine : « Les mythes et les rites initiatiques du *regressus ad uterum* mettent en évidence le fait suivant : le "retour à l'origine"prépare une nouvelle naissance, mais celle-ci ne répète pas la première, la naissance physique. Il y a proprement re-naissance mystique, d'ordre spirituel, autrement dit accès à un mode nouveau d'existence (comprenant maturité sexuelle, participation au sacré et à la culture ; bref, "ouverture"à l'Esprit). L'idée fondamentale est que, pour accéder à un mode supérieur d'existence, il faut répéter la gestation et la naissance, mais on les répète rituellement, symboliquement. » (*Aspects du mythe*, Paris, Gallimard, Folio, 1963.)

séance, j'aurais peut-être eu du mal à croire rétrospectivement que c'est bien lui qui s'écrie, en s'activant à mettre ou à enlever un petit bonhomme dans le coffre du camion : « Le bébé va sortir du ventre de maman... non, pas encore !... pas encore !... » Puis hurle : « N'empêche pas !... il faut pas casser le camion ! » Ou alors : « Je vais sortir du ventre de maman... Je vais être malade après... On a cassé quelque chose, on a cassé les pieds du bébé. » Ce bébé qu'il ne faut pas faire sortir trop tôt, puis qu'il ne faut pas empêcher de sortir, qui risque d'abîmer le coffre-maman, et d'être abîmé lui-même, Arthur peut enfin le faire arriver au monde dans un scénario plus apaisé. Le coffre s'ouvre « pour qu'Arthur puisse sortir ».

L'instant d'après, il fait voler un petit « bébé-avion » dans un ciel imaginaire. Il arrive à décoller de la réalité pesante de son handicap physique et de sa naissance traumatique. Il peut fantasmer une autre naissance, un autre corps. « Il roule bien ce camion, il est pas cassé », me dit-il avec satisfaction. À partir de là, il avance en oscillant entre la révolte contre la réalité — réalité de son histoire et de son corps handicapé — et la production imaginaire d'une autre histoire et d'un autre corps, qu'il s'invente. Cette évolution, qui peut se repérer chez tous les enfants handicapés, va induire des situations conflictuelles, qu'il leur faudra aborder et résoudre, chacun à sa façon, mais avec des modalités communes. Au-delà du handicap, l'enfant aborde les conflits psychiques qui sont communs à tous.

Arthur continue d'imaginer : « Je veux d'autres feuilles », et il jette à la poubelle des « feuilles qui sont mortes ». Son handicap renvoie aux registres de la castration et de la mort, mais aussi de l'espoir, illusoire, mais tellement nécessaire, de s'imaginer autrement, avec d'autres feuilles ou d'autres pieds. Freud a décrit avec la notion de « roman familial [1] » comment chaque enfant édifie une construction imaginaire, dans laquelle il se voit avec une famille toute différente de la sienne. Cela lui permet de s'imaginer issu d'autres parents que ses parents réels, sachant bien pourtant qu'il ne pourra pas en changer. Selon ce même schéma, Arthur peut s'imaginer différent : mettre à mort son corps, son histoire, ses origines, ses parents, son passé, s'en inventer d'autres, pour, en fin de compte, parvenir à assumer les siens avec leurs limites. Faute de quoi il sera figé, comme tant d'adolescents et d'adultes handicapés, dans une pauvreté imaginative, une identité monolithique de handicapé, toujours renvoyé à sa réalité paralysante. Même si son corps ne lui obéit pas, même s'il a subi à sa naissance des expériences traumatisantes, il peut au moins fantasmatiquement reprendre le dessus.

Un jour, Arthur jette les crayons en criant : « Je veux d'autres crayons qui écrivent ! » Lorsque je lui dis : « Tu veux d'autres pieds qui marchent », il me répond : « Je veux des crayons pareils que toi. » Comme tous les petits garçons, Arthur veut être semblable aux grands, mais chez lui l'identification aux adultes se heurte à un double obstacle : l'incomplétude de tout être humain dans les premières années de la vie, mais aussi l'obstacle du handicap qui le marque d'une différence radicale rendant impossible à tout jamais de devenir semblable à l'image de l'adulte admiré.

Arthur manifeste pendant cette période un signe étrange, inexplicable, qui intrigue tout l'entourage : une obsession pour les radiateurs. Il les cherche, les touche, en s'écriant « C'est chaud ! » ou « Il est froid », et en parle sans arrêt. Peu à peu, il m'apparaît que, là encore,

1. FREUD S. (1909), *Le Roman familial des névrosés,* in *Névrose, psychose et perversion,* Paris, PUF, 1973.

il évoque des expériences passées. Au cours de notre reconstruction narrative, l'énigme finit par livrer son mystère. Je remarque que c'est le bruit du radiateur ou le bruit qu'il provoque en tapant sur le radiateur qui le fascine. « T'entends le radiateur ? » me demande-t-il. Ce bruit, il l'accompagne de bribes de phrases incompréhensibles, tout en s'enfoncant des objets dans la narine. J'ai alors la vision d'un bébé perfusé, entouré de tuyaux, entendant des bruits incompréhensibles et menaçants, bref un bébé dans une couveuse. J'évoque alors pour lui les événements dramatiques qui ont eu lieu au moment de sa naissance : le bébé dans une couveuse qui subissait des sensations inintelligibles et traumatisantes. Ce récit amène un profond soulagement et ouvre sur de nouveaux jeux où l'on voit ce bébé naître et grandir. Dans un double mouvement d'identification, il est à la fois le bébé et la personne qui en prend soin. « Le bébé est sorti du radiateur, me dit-il, et il a faim. » Il faut lui préparer à manger, il lui apporte des couvertures ou des peluches. Et puis surtout il lui faut dormir, beaucoup dormir. Ce besoin de dormir n'est-il pas l'équivalent du sommeil réparateur nécessaire à celui qui fournit un énorme travail psychique ? Arthur éteint les lumières. « On se repose. » Puis, un jour, l'histoire se termine : « Il a fini de dormir, il n'est pas fatigué, c'est un bébé qui a fait de beaux rêves », dit-il calmement, avec une pointe de nostalgie.

« Dans le noir, dans le soir sera sa mémoire »

Plus d'une fois, Arthur me surprendra par la précision de ses évocations, le réalisme de certains jeux, l'insistance des thèmes qui reviennent, semble-t-il, jusqu'à leur résolution. Quel statut donner à ces évocations ?

On ne peut pas réellement parler de souvenirs, car, chez le nouveau-né, la mémoire n'est pas encore constituée. Il faudrait plutôt parler de vécus traumatiques enregistrés, mais non symbolisés, qui resurgissent dans la psychothérapie. En quelque sorte, Arthur rapporte des éléments qui ont été vécus en un temps où il ne disposait pas encore de mots pour les formuler, ni des moyens psychiques pour les élaborer. Or ce qui ne peut pas être représenté ne peut pas non plus être oublié. Par conséquent, ces éléments bruts sont là, présents dans l'enfant, avec leur charge émotionnelle et sensorielle douloureuse, et envahissent tout l'espace mental. D'où les comportements stéréotypés et répétitifs, qui cherchent à donner forme à ces éléments « flottants » afin de les intégrer dans le tissu psychique.

Mais la question de la mémoire ou de la vérité des événements périnataux reconstitués dans la psychothérapie n'est qu'un faux problème. Peu importe, à la limite, si les éléments remémorés par Arthur correspondent à des expériences réellement vécues. La mémoire est toujours une construction ; et la construction du souvenir est toujours, comme nous le voyons avec Arthur, une reconstruction.

La remémoration obstinée et douloureuse d'Arthur est une tentative de maîtriser les événements de sa naissance à travers la reconstruction symbolique qu'est la création d'un mythe. Arthur, à quatre ans, procède comme un peuple qui produit des mythes relatant les événements fabuleux des commencements afin de se donner une explication de son origine. Tout comme les grandes épopées de la littérature mondiale comportent des détails historiques exacts insérés dans une trame fictive, qui, elle, s'éloigne de la réalité, Arthur mélange des traces mnésiques et des inventions. Créer le récit des origines afin de naître à nouveau. Connaître l'origine afin de maîtriser le temps, alors que sa naissance prématurée lui a fait perdre toute maîtrise du temps et de l'espace. Arthur questionne, invente des versions de son histoire, cherche des repères. « Quand j'étais dans le ventre de maman, on était où ? Elle a fait quel bruit ? [Il gémit.] À ma naissance, j'étais très, très malade, très petit, je pouvais pas parler. J'étais resté trop tôt dans le ventre de maman. Dans la couveuse, j'étais resté deux, trois jours. Après j'allais à Paris. » Où ? Quand ? Combien de temps ? Le mythe permet d'insérer les expériences chaotiques et absurdes entourant sa naissance dans une temporalité qui les ordonne. Arthur imagine : « Comme métier plus tard, je conduirai l'autobus 42 et c'est moi qui ouvrirai les portes en appuyant sur le bouton jaune. » Refaire le trajet héroïque, comme un parcours initiatique, qui permettra d'accéder à l'étape suivante. Dans la pensée orientale, celui qui se souvient de ses naissances et de ses vies antérieures devient le maître de sa destinée.

L'enfant procède à des réinterprétations successives de son handicap, en fonction des étapes de sa maturation affective. À chaque phase, une autre préoccupation prend le devant de la scène, et l'enfant se construit une autre interprétation. Si le handicap donne lieu à des conflits spécifiques, ceux-ci sont toujours repris dans le cadre des complexes névrotiques fondamentaux du psychisme humain et de l'histoire de l'individu : la séparation, la perte de l'objet, la différence sexuelle, l'Œdipe, la mort. Autant de réinterprétations qui seront autant de versions différentes de la même histoire. Le handicap ne s'intègre pas une fois pour toutes dans la personnalité ; par conséquent, il ne prend jamais un sens définitif.

Cette plasticité permet à l'enfant de vivre son handicap non comme une force aveugle qu'il subit, mais comme un destin qu'il assume. Il n'y gagne aucune modification de la réalité, mais plus de liberté dans sa façon de penser cette réalité, ainsi que la possibilité de l'imaginer autrement. Les questions se posent, se reposent, se transforment. Il y a d'incessants glissements de sens, qui sont le signe d'une vie psychique active, et qu'il faut donc, à ce titre, encourager.

Maintenant, enfin, Arthur pourra-t-il se permettre d'oublier ? Il a une mémoire prodigieuse. Il souffre de ses souvenirs. Trop de souvenirs, trop précis, trop douloureux. « Il faudrait qu'il oublie », dit sa mère, parlant probablement aussi pour elle-même. Pendant des mois, Arthur fait le noir dans la pièce. Il éteint la lumière et nous plonge de longs moments dans l'obscurité qui doit s'accompagner de silence. « Chut ! ne parle pas ! » Au-delà du désir œdipien d'être ensemble dans l'intimité de la nuit, j'y vois la figuration de l'oubli et du refoulement. Temps de l'effacement. Rendre les bruits au silence. Aurions-nous fait le chemin inverse de celui classiquement attribué à une cure psychanalytique [1] ? Au lieu de lever le refoulé et d'amener le patient à la remémoration de sa névrose infantile, nous aurions au

1. « Si le temps de l'analyse n'est pas seulement ni même principalement celui de la remémoration, s'il n'est qu'en certains moments celui de la construction (ou de la reconstruction), il n'est est pas moins ce temps privilégié où se transfèrent et se retissent les relations précoces de l'infans à son porte-parole, ainsi que les relations intratemporelles qui composent le devenir psychique de l'être humain à mesure qu'il se projette dans le champ de ses possibles propres et qu'il oublie sa préhistoire », écrit Maurice Dayan. Et à propos de l'oubli : « Question ancienne s'il en est, millénaire et présocratique, dont la psychanalyse a fait un problème nouveau en ne traitant plus l'oubli comme une limite de la réminiscence, comme lacune ou absence de souvenir, mais comme la manifestation en négatif de la réalité efficiente d'un passé préhistorique. » (« Quête de l'historique, mise en sens analytique », in *Topique*, n° 49, 1992.)

contraire permis l'instauration de la fonction refoulante. « On n'entend plus la machine de quand j'étais petit, je ne pense plus à la machine. Le bébé veut dire au revoir au radiateur et il veut sortir. On va lui mettre son pantalon. » Le passé est devenu passé.

La vie d'Arthur peut s'incrire dans une histoire, dès lors que le temps des commencements est rendu à la préhistoire. Il peut alors se livrer à des réévaluations rétrospectives de ce qui a été : « Elle est pas belle cette histoire. » Mais en outre, cette mise en mémoire ouvre la possibilité d'un présent et d'un futur. L'enfant-objet est devenu l'enfant-interprète, lieu d'un avenir.

Lors d'une des dernières séances, Arthur prononce cette phrase que j'aime à considérer comme sa conclusion — en forme de commencement — de l'itinéraire psychanalytique que nous avons parcouru ensemble : « Quand j'ai quatre ans, je commence à être né. »

La conclusion de l'analyste pourrait être la suivante :

« Quand j'ai quarante-quatre ans, je n'ai pas fini d'être née. »

7

L'énigme de l'origine

Culpabilité, causalité et croyance

La naissance d'un enfant handicapé est tragiquement normale : l'expression s'il en fut de l'absurdité de la vie.

Kenzaburō Ōé

Le handicap questionne doublement l'énigme de l'origine. Origine au sens des commencements, avec l'interrogation au sujet de la scène primitive qui a donné naissance à cette anormalité. D'où vient-il cet enfant qui ne nous ressemble pas ? Origine au sens de cause, puisque se pose inévitablement la question douloureusement sans réponse du « pourquoi ? » Pourquoi suis-je handicapé ? Pourquoi ai-je mis au monde un enfant handicapé ? De la notion de l'origine on glisse vers la notion d'une causalité. Quelle est la cause de cette anomalie ?

C'est dans cette quête que s'engagent les parents d'enfants handicapés. Quête étrangement paradoxale, puisque d'un côté ils cherchent une cause, mais que d'un autre côté ils veulent y échapper. En tant que psychanalyste, je ne peux que constater l'antinomie entre ce besoin irrépressible d'une causalité et le besoin tout aussi irrépressible de se défendre des implications douloureuses de cette causalité. Cette ambivalence est la source des attitudes complexes, contradictoires, souvent déconcertantes, des parents.

La quête d'une causalité

Le scandale de la naissance d'un enfant anormal confronte les parents — et nous avec eux — à la question de l'absurde. C'est une des caractéristiques de l'esprit humain de ne pas tolérer le non-sens et de vouloir à tout prix attribuer une signification aux phénomènes qui se produisent, car tout est préférable à l'absurdité de cet événement aberrant et imprévisible qui vous tombe dessus. Même si nous sommes actuellement dans un système de pensée et un système social qui le considère comme un problème à traiter, un malheur à combattre, un échec médical à éviter, le handicap apparaît non simplement comme un état, mais comme un signe à interpréter. Le handicap est une irrégularité incompréhensible qui sollicite vivement cette nécessité de comprendre et d'expliquer, au besoin en se raccrochant à la superstition, car la pensée rationnelle n'y suffit jamais.

L'absurdité est intolérable, voire humiliante. Un événement d'un tel poids devrait-il être considéré comme fortuit ? Pourrais-je concevoir qu'un phénomène entraînant de si lourdes conséquences atteigne ma famille par un effet de pur hasard ? Désigner une cause, c'est donner sens à l'impensable, ramener l'égarement de la nature dans la rationalité et reconduire l'absurde à l'intérieur d'une logique. C'est rétablir une continuité et réintégrer le sort universel, afin d'échapper à cette singularité douloureuse qu'introduit l'anormalité de l'enfant. L'absurde, c'est l'inhumain, qui pourrait se rapprocher du monstrueux. La causalité permet de restaurer une vision rassurante d'un monde où les phénomènes obéissent à une intentionalité. C'est en quelque sorte une tentative désespérée de rentrer dans la norme.

Dire aux parents : « Vous n'y êtes pour rien », déclenche une incrédulité angoissée, car ils ont besoin d'y être pour quelque chose. Curieusement même, l'absence d'étiologie a pour effet de les destituer de leur rôle parental et d'introduire une rupture intolérable du lien de filiation qui les unit à cet enfant. « Lorsqu'on m'a dit, après tant d'examens, qu'on n'avait rien trouvé pour expliquer le retard de ma fille, je me suis senti bizarre. C'est comme si on m'avait dépossédé de quelque chose. » Aussi douloureux qu'il soit, et malgré la difficulté de s'y retrouver avec cet enfant si différent, ce lien de filiation doit être maintenu, voire reconstruit, au-delà des fractures que les gènes et les chromosomes provoquent.

C'est la raison pour laquelle les parents s'engagent dans la recherche d'une origine qui pourrait expliquer cette anormalité et l'inscrire dans un enchaînement de causalités. Ils se lancent alors, aidés en cela par la complaisance de certains médecins, dans une course frénétique de recherches étiologiques, imposant à l'enfant une multiplicité d'examens et de consultations. Ils font du « shopping médical », conduisent l'enfant d'un hôpital à l'autre. Ils cherchent une cause connue, précise, objectivable, organique. Tout est mieux que l'incertitude insupportable qui laisse la porte ouverte aux fantasmes concernant une faute imaginaire. En l'absence de diagnostic, la responsabilité du handicap incomberait aux parents. Un diagnostic, même grave, paraît parfois préférable à cette angoisse. D'ailleurs un handicap reconnu est habituellement mieux accepté qu'un handicap sans étiologie décelable. Lorsque le diagnostic est précis, la famille subit un choc violent à l'annonce du handicap. Mais elle sait à quoi elle doit faire face. Un diagnostic flou ou inexistant est plus difficile à assumer. L'incertitude nourrit l'ambivalence ; elle freine l'acceptation de la réalité.

« Qu'ai-je fait pour que cela m'arrive ? »

Cependant, une étiologie détectée et reconnue du handicap — accident génétique, anomalie chromosomique — ne suffit jamais à soulager la culpabilité, impitoyable et irrationnelle, d'avoir mis au monde cet enfant-là. Les parents s'imaginent, en contradiction avec toute pensée rationnelle, un événement qui a causé ce handicap. Ainsi, le diagnostic posé n'empêche pas les parents de s'imaginer d'autres causes : telle mère se culpabilise d'avoir pris des médicaments pendant la grossesse, telle autre pense qu'elle a été exposée au nuage de Tchernobyl, une telle encore se reproche d'avoir réalisé un avortement avant cette naissance. La recherche d'autres causalités — organique quand la cause paraît psychique, psychique quand la cause paraît organique — constitue une manière désespérée de se dégager de ce qui est de toute façon vécu comme une accusation. Tout diagnostic évoque une culpabilité. Et tout se passe comme si les parents cherchaient à la fois à donner une forme précise à cette culpabilité (la recherche d'une étiologie) mais aussi à y échapper (le refus du diagnostic). C'est cela qui produit des attitudes paradoxales.

C'est pourquoi, simultanément et de manière tout à fait contradictoire, les parents cherchent à échapper à toute causalité, car celle-ci est vécue inévitablement comme une accusation. Les parents sont toujours tourmentés par cette interrogation : en quoi y sommes-nous pour quelque chose ? La naissance de cet enfant étrangement inquiétant réveille des idées de faute, en complète opposition avec le savoir médical objectif. « Responsables, mais non coupables », a-t-il été dit à propos de l'affaire du sang contaminé. Dans le cas des parents, on pourrait inverser la proposition : « Pas responsables, mais de toute façon coupables. » Une culpabilité énigmatique. En droit, on distingue responsabilité et culpabilité. Mais pas dans la psyché, qui se révèle d'une sévérité implacable, à l'égard d'elle-même. Bien plus que la législation sociale.

À propos de l'origine du handicap, une mère dit : « Il n'y a pas de réponse, c'est un mystère. » Réponse à quelle question ? Sa phrase suppose une question qu'elle ne formule pas. Question implicite et implacable : Pourquoi ? Pourquoi moi ? En quoi y suis-je pour quelque chose ? « Quelqu'un qui a un accident de voiture et se retrouve dans un fauteuil roulant, ça se comprend, dit-elle encore, mais là, c'est un "accident génétique", ça ne se comprend pas. » Ce qui reste incompréhensible, c'est l'accident génétique qui, à travers l'idée de gènes, évoque une idée d'hérédité. Il faut un événement vraiment absurde et fortuit, dans lequel les parents n'ont aucune responsabilité, tel l'accident de voiture, afin d'évacuer complètement l'idée d'une transmission entre parents et enfant. L'idée la plus dangereuse est l'idée de la transmission : ce qui est à tuer n'est pas l'enfant handicapé en tant que tel, mais l'enfant handicapé issu de ma lignée, celui qui est mien, inscrit dans ma filiation.

On retrouve cette recherche d'une causalité chez les enfants. « Quand j'étais né, qu'est-ce que j'ai fait ? » me dit un jour Arthur. Les enfants mettent en place toutes sortes de théories pour s'expliquer leur handicap. Pour eux aussi, l'absurde est intolérable. Il faut à tout prix trouver une raison, et comme les enfants ont tendance à s'attribuer la responsabilité de tout ce qui arrive, suivant la toute-puissance de la pensée qui régit le fonctionnement psychique infantile, ils se désignent tout naturellement eux-mêmes comme la cause de cette anomalie. La question « Qu'est-ce que j'ai ? » se transforme dès lors en « Qu'est-ce que j'ai fait ? »

Les enfants, même très démunis, sont terriblement conscients d'être à l'origine de la dépression de leurs parents. L'enfant est en quelque sorte atteint d'une double blessure. Blessé dans son corps et dans son esprit par ce handicap, dont il subit toutes les conséquences pénibles et dévalorisantes. Mais il porte aussi le poids d'une autre blessure, symbolique celle-là : la blessure qu'il inflige au narcissisme de ses parents. L'enfant handicapé doit faire face non seulement à son handicap, mais encore à l'angoisse qu'il suscite chez les parents. Être la cause de leur chagrin est la source d'une lourde culpabilité.

Cette culpabilité entraîne certains enfants dans une spirale de conduites qui sont autant de façons de mettre en jeu cette culpabilité ou de s'y dérober. Ils cherchent à échapper à cette culpabilité trop lourde en la projetant vers l'extérieur. D'accusés ils deviennent accusateurs. « C'est ta faute, pourquoi m'as-tu fait ainsi ? » Tel serait le reproche qu'ils adressent aux parents. Ils ne le formulent pas, bien sûr, ou rarement de façon si ouverte, mais il s'exprime par leurs comportements provocateurs qui mettent les parents à mal, comme s'il fallait les faire payer.

Pensée magique et superstition

Entre la singularité de l'événement, qui peut paraître dérisoire ou rassurante, et l'inscription dans un sens final, qui assure la cohérence et la continuité du monde, mais fixe la responsabilité de la filiation, les voies sont complexes et parfois surprenantes. Croyances, superstitions, magie se superposent à un savoir médical de toute façon insatisfaisant. « J'avais toute confiance en ce médecin, je le trouvais très compétent ; mais, je ne sais pas pourquoi, j'ai dû aller voir ailleurs », dit une mère. Oui, elle savait que les paroles du médecin étaient vraies, mais elle ne l'a pas cru. Elle a dû aller chercher ailleurs. Comment comprendre que les superstitions persistent malgré le niveau d'information des parents et les progrès de la médecine ? Comment expliquer les croyances magiques qui pointent derrière les attitudes rationnelles ?

Les médecins savent bien qu'il ne suffit pas de donner un diagnostic grave à un patient pour que celui-ci en soit vraiment conscient. On observe que des malades connaissant leur état ont parfois des réactions déconcertantes en contradiction avec leur apparente lucidité. En effet, savoir et croire suivent des voies parallèles qui coexistent sans jamais se croiser. Ces réactions irrationnelles vérifient l'hypothèse de Freud que la pensée magique reste à l'œuvre dans le fonctionnement psychique du « névrosé normal ». D'après lui, la pensée rationnelle et la pensée magique sont deux registres de la vie psychique qui coexistent tout en s'ignorant, selon le mécanisme du clivage[1]. On peut déceler ainsi dans les pratiques médicales les plus scientifiques des traces de croyances magiques. Les stratégies sociales les mieux argumentées relèvent souvent de la pensée primitive. Les discours officiels bien intentionnés portent des traces de peurs anciennes. Et les réactions de chacun d'entre nous révèlent, pour peu qu'on veuille bien l'admettre, des fantasmes d'effroi et de rejet.

Car la naissance de l'enfant handicapé provoque une sentiment d'inquiétante étrangeté. L'inquiétante étran-

1. FREUD S. (1938), « Le clivage du moi dans le processus de défense », in *Résultats, idées, problèmes,* Paris, PUF.

geté prend naissance, nous dit Freud, lorsque de primitives convictions surmontées semblent de nouveau être confirmées selon la formule : « Ainsi, il est tout de même vrai qu'on peut tuer une autre personne simplement en le désirant, que les morts continuent à vivre et réapparaissent sur les lieux de leur activité antérieure, etc. [1] » En ce qui concerne les parents d'enfants handicapés, on pourrait transformer cette formule en : « Ainsi, il est tout de même vrai que j'ai été puni d'avoir désiré ma mère ou mon père... Ainsi, il est tout de même vrai qu'un désir monstrueux donne naissance à un enfant monstrueux... » Nous sommes dans la toute-puissance de la pensée. C'est comme si la naissance maléfique était le résultat d'une pensée maléfique qui se serait concrétisée dans cet enfant.

On évoque toujours l'enfant imaginaire idéalisé auquel l'enfant réel ne correspond pas, mais on oublie le fantasme de l'enfant anormal ou monstrueux, présent dans la vie imaginaire de toutes les femmes enceintes, et que l'enfant réel, lorsqu'il est malade ou anormal, vient réaliser. Ce qui a été imaginé advient dans la réalité. « L'étrangement inquiétant serait quelque chose qui aurait dû rester dans l'ombre et qui en serait sorti », poursuit Freud. Qui aurait dû ? Nous retrouvons dans les propos des parents ce conditionnel passé qui énonce l'anormalité, l'injustice, l'absurdité. Et la culpabilité. « Cet enfant n'aurait pas dû naître. » Ou : « C'est moi qui ai voulu un troisième enfant, je n'aurais pas dû. » La remarque que cela n'aurait pas dû arriver implique toujours comme corollaire une interrogation sur sa responsabilité : « Qu'ai-je fait pour que cela arrive ? pour que cela *m'*arrive ? »

1. FREUD S. (1919), « L'inquiétante étrangeté », in *L'Inquiétante Étrangeté et autres essais*, Paris, Gallimard, 1980.

Cliniquement, bien des attitudes irrationnelles des parents d'enfants handicapés — croyances, superstitions, visites à des guérisseurs, voyages à Lourdes — s'expliquent par ce recours en dernier ressort, toutes les catégories rationnelles de la pensée s'étant effondrées, à la pensée magique. On retrouve couramment dans les familles des croyances qui s'opposent au savoir médical pourtant accepté et intégré. Les mêmes familles font suivre leur enfant dans des services hospitaliers à la pointe de la technologie médicale, et feront appel à des rebouteux en Bretagne, ou à leur équivalent moderne, médecines parallèles de toutes sortes.

Contrairement à ce que l'on pourrait penser, ces croyances ne sont pas l'apanage des sociétés dites traditionnelles. On les rencontre tout aussi bien dans les familles françaises que dans les familles immigrées, à la différence qu'elles seront beaucoup moins ouvertement exprimées dans les premières, car elles ne font plus partie d'un réseau culturel ou mythologique ouvertement admis et transmis d'une génération à l'autre. Mais, au-delà des variables culturelles, il y a quelque chose d'universel, qui est justement la coexistence de la pensée rationnelle et de croyances magiques. Dans une maternité parisienne, par exemple, une jeune femme africaine accouche d'un bébé pour lequel est fait rapidement le diagnostic de trisomie 21. La famille raconte aux médecins que, dans leur ethnie, cette anomalie est le signe d'un bienfait des dieux. Cet enfant est un être doué de pouvoirs exceptionnels, auquel on accorde dans leur société une place privilégiée. Cependant, la mère pleure... Ces pleurs sont en contradiction avec les croyances sociales. On est en présence de deux registres différents : d'une part, les croyances culturelles qui peuvent aussi être interprétées comme des modes de défense, organisés et soutenus culturellement pour faire face à l'anormalité de l'enfant et lui donner un sens. Mais, d'autre part, le chagrin de la mère, qui ressemble aux chagrins de toutes les mères du monde, face à la naissance anormale.

En contrepoint, je pourrais citer l'exemple d'une mère française, professeur d'histoire, qui me dira un jour — presque comme l'aveu d'une idée honteuse, tellement c'est en contradiction avec son niveau culturel — qu'elle ne peut s'empêcher d'avoir parfois l'idée que « la trisomie guérira ». De telles idées, qui imputent l'origine ou le destin du handicap à des croyances magiques, sont beaucoup plus fréquentes qu'on ne le croit.

« Le handicap, ça s'attrape ? »

« Le handicap, ça s'attrape ? » On entend quelquefois cette phrase dans la bouche des enfants, lorsqu'ils s'interrogent sur le handicap, le leur ou celui de leurs camarades ou leurs frères et sœurs. Phrase qui nous fait sourire. Et pourtant elle ne nous est pas si étrangère que cela. Si les adultes ne la prononcent pas, car leur adhésion au savoir médical rationnel le leur interdit, il leur arrive cependant d'avoir des attitudes qui sont la traduction de cette idée bizarre. La transmission par contamination est un mode de pensée qui est présent, aussi bien chez les parents que chez les enfants, et même chez les soignants. La contagion est une forme archaïque de la causalité et elle est beaucoup plus répandue qu'on ne le croit, derrière notre conception rationnelle du déterminisme causal.

La peur de la contagion est réapparue, sur le devant de la scène, de manière spectaculaire, depuis quelques années, à propos du sida. Elle a provoqué de manière massive des croyances irrationnelles et des attitudes qui sont en contradiction flagrante avec notre savoir objectif. La peur de partager des locaux ou de la vaisselle avec des personnes séropositives, alors que l'on sait très bien que la contagion passe exclusivement par la voie du sang ou du sperme. Récemment, en plein cœur de Paris, une crèche qui accueille d'une part des enfants du quartier et d'autre part des enfants séropositifs avait prévu une grille séparant les locaux pour les enfants bien-portants de ceux destinés aux enfants séropositifs, et des entrées séparées pour éviter aux familles de se voir... Un tel lieu matérialise l'existence de fantasmes archaïques de contamination qui sont en contradiction flagrante avec les connaissances médicales. On sait qu'il n'y a aucun risque de contagion dans la vie courante des enfants, moyennant des précautions élémentaires d'hygiène, qui sont d'ailleurs valables pour tous les enfants.

Cette peur de la contagion existe aussi en ce qui concerne le handicap, où pourtant rien ne la justifie. Il n'y a aucune possibilité réelle d'« attraper » une trisomie, un handicap moteur ou une maladie génétique. Et cependant, à notre insu, l'idée d'une contamination est présente, bien que de manière très déguisée. Lorsque nous évitons de nous approcher trop près des invalides, n'est-ce pas la contamination que nous craignons ? Nos attitudes sont révélatrices, malgré nos idées proclamées et nos convictions affichées, de cette peur superstitieuse de devenir comme eux.

C'est comme si le moindre contact, fût-ce par les yeux, risquait de nous exposer à ce risque. La contamination passe non seulement par le toucher, mais aussi par le regard. « Quand je regarde mes copains très handicapés, j'ai peur de devenir comme eux », dit un enfant. Cela pourrait être une explication de la tendance générale à détourner son regard d'un être dont l'anormalité inspire une terreur. Au-delà de la pudeur invoquée, au-delà de la peur de voir, il y a la peur profonde et ancestrale d'une contagion qui passerait par le regard. Le fait de ne pas voir ou ne pas nommer le handicap ou la maladie s'appuie sur ce fantasme.

N'est-ce pas cela que redoutent les parents d'enfants bien portants lorsque des petits handicapés viennent fréquenter leur crèche ou leur maternelle ? Ils se demandent toujours si leur enfant ne va pas imiter l'enfant anormal... Imiter, c'est-à-dire devenir comme lui ? La crainte de l'imitation correspond à la crainte plus sournoise de la contagion. En réalité, si les enfants imitent effectivement leurs camarades handicapés ou psychotiques (toujours de manière ponctuelle d'ailleurs), il s'agit plutôt d'une tentative d'élucidation. Ils expérimentent ce qu'ils voient afin de le comprendre. Dans ce sens-là, l'imitation est un processus psychique au service des apprentissages que l'enfant utilise pour s'approcher de cet être différent de lui, se mettre à la place, entrer dans sa peau.

Toutes ces croyances, qui cherchent à donner forme et raison à l'anomalie de l'enfant, sont porteuses de potentialités de rejet, d'exclusion ou de meurtre. L'enfant handicapé, par sa blessure, blesse le regard de l'autre. L'atteinte à l'intégrité, physique ou mentale, dont il témoigne, est une atteinte de l'image de l'intégrité humaine, qui est intolérable. D'anormal il devient impur, intouchable, voire monstrueux.

8

Le sexe handicapé

Horreur et fascination

Car les monstres ne se reproduisent pas.

Michel TOURNIER

Le discours sur le handicap est désexualisé. Dans les lieux publics, il y a les toilettes pour hommes, pour femmes et pour handicapés. Troisième sexe ? Ou absence de sexe ?

Lorsqu'il s'agit d'un être difforme ou déficient, la séduction et la procréation suscitent des images troublantes et contradictoires. Que l'on songe par exemple à l'imagerie populaire à propos de la sexualité des nains. Soit le handicapé est considéré comme un être asexué, ou plutôt désexualisé ; soit il est perçu comme une bête, à la sexualité sauvage et monstrueuse [1]. En ce qui concerne les enfants handicapés, la plupart du temps, l'existence du désir sexuel est niée ou minimisée. Bien souvent alors, on évoque avec exaltation l'af-

1. Alain Giami a étudié les représentations de la sexualité des handicapés moteurs à partir d'une enquête auprès d'éducateurs et de parents, sous le titre évocateur *L'Ange et la Bête* (Vanves-Paris, CTNERHI-PUF, 1983). « Qu'ils soient présentés par les parents comme des "anges" ou par les éducateurs comme des "bêtes", ils sont posés dans une altérité fondamentale, rendant toute identification impossible, la sexualité en étant un révélateur dans son trop peu (immaturité, innocence) ou son trop (débordement pulsionnel, activités de type pervers). »

fectivité tendre de l'enfant, qui sert à méconnaître son éveil sexuel.

Et pourtant les petites filles handicapées parlent, comme toutes les petites filles. « Qu'est-ce qu'être une petite fille ? Et ce sexe en creux, qui ne se voit pas ? Et tous ces trésors qu'on devine à l'intérieur du ventre ? Et les garçons, comment leur plaire ? Et papa, comment faire pour qu'il s'occupe d'elle et lui faire oublier tout le reste, maman, son travail, etc. ? Et ces bébés qui poussent dans le ventre ? » Elles aimeraient bien en avoir un tout de suite, mais il faudrait que papa soit d'accord. « Et comment fera le bébé pour sortir après ? Est-ce que ça fait mal ? »

L'effet n'est pas le même lorsque ces questions apparaissent dans les jeux d'une petite fille en bonne santé, ou lorsque les mêmes propos sont exprimés par une petite fille mongolienne. Où se situe la différence ? Pour elle ? Je pense que la résistance est plutôt du côté de celui qui l'écoute et qui sait, ou croit savoir, qu'elle n'aura jamais de bébé, ni de mari. Plaire ? Être amoureuse ? Séduire ? Être belle et danser ? Domaine réservé aux gens bien-portants et convenables.

De même, les petits garçons handicapés parlent, comme tous les petits garçons, de ce qu'est être un garçon et de leur désir de devenir grand et fort comme papa. Ils font rouler les camions, ils tirent avec des fusils, ils imitent les bruits de pétard, ils font exploser des bombes et partir des missiles. Ils s'imaginent conducteur de fusée, soldat, champion de basket. Et quand ils deviennent pubères, leur éveil à la sexualité se manifeste ouvertement. Là encore, la réalité de leur corps infirme ou de leur intelligence déficiente donne une autre résonance à ces souhaits et ces comportements. Être fort ? Gagner des batailles ? Conquérir des empires ? Séduire les jeunes filles ? Lorsqu'ils sont émis par un garçon trisomique ou infirme, ces désirs déclenchent un malaise.

Pourquoi cette peur ? Qu'y a-t-il donc de si intolérable lorsque ces individus « pas comme les autres » ont, « comme les autres », des comportements qui expriment leur sexualité ?

Les théories de l'enfant

Avec la découverte de la sexualité infantile, Freud a montré, ou plutôt confirmé, ce que les nourrices savaient depuis fort longtemps, à savoir que la sexualité est présente dès le début de la vie. D'après mon expérience, c'est en effet dès les premières années que les enfants handicapés établissent des liens entre handicap et sexualité. Tous les petits enfants se construisent des théories, les « théories sexuelles » comme l'écrit Freud[1], pour s'expliquer comment naissent et sont conçus les bébés. Et les enfants handicapés construisent des théories analogues pour expliquer leur handicap.

Ce phénomène apparaît clairement au cours de la psychothérapie d'Arthur. Pendant toute une période, les interrogations d'Arthur sur son handicap sont intriquées à ses questionnements sur la différence sexuelle. Les corps qui diffèrent, son corps qui dysfonctionne et diffère de celui des autres. Cette préoccupation s'exprime par une question qu'il me lance de manière répétitive : « Qu'est-ce qu'il y a dans tes chaussures ? » Interrogation sur ce qui, tel le sexe féminin, serait invisible, caché ou à dénuder, ou, tels les pieds, marchent ou ne

1. FREUD S. (1905), *Trois Essais sur la théorie de la sexualité,* Paris, Gallimard, et FREUD S. (1908), « Les théories sexuelles infantiles », in *La Vie sexuelle,* Paris, PUF.

marchent pas. Questionnements de tout enfant (« Qu'as-tu sous ta jupe ? Qu'y a-t-il dans ton ventre ? Comment ça marche ? »). Mais, pour cet enfant-là, le « Comment ça marche ? » se double du « Pourquoi ça ne marche pas ? » Et le « Pourquoi je ne peux pas marcher ? » est tantôt vécu comme une incapacité, tantôt comme une interdiction ou l'équivalent d'une castration, ayant une valeur de punition œdipienne infligé par le père. Lorsque, dans les jeux d'Arthur, les poupées sont malades, c'est très souvent à cause d'une punition : « Elle a une maladie, la poupée. Elle a été punie. »

Les processus psychiques permettant à un individu d'intégrer une anormalité sont les mêmes que ceux par lesquels s'élabore sa différence sexuelle. C'est sur ce modèle-là que le sujet atteint d'une anomalie peut se la représenter. Voici Mireille, trisomique, cinq ans, qui lance à propos de son frère : « Antoine a un zizi et moi je suis trisomique. » Elle montre comment l'enfant, à ce moment de sa maturation, vit son handicap comme l'équivalent de la différence sexuelle. Mais, de même qu'un savoir objectif sur la sexualité n'empêche pas les enfants d'avoir des théories sexuelles irrationnelles, personnelles et changeantes sur la façon dont les bébés arrivent au monde, de même les théories que les enfants handicapés échafaudent pour s'expliquer leur handicap ne sont pas conformes aux informations rationnelles ou médicales dont ils disposent. Elles sont le reflet de leurs fantasmes inconscients et varient en suivant les étapes de leur développement psychoaffectif.

Bien souvent, les questionnements de l'enfant concernant le handicap sont niés ou découragés par l'entourage, tout comme celui sur la sexualité, car, malgré l'apparente tendance à informer les enfants, ce savoir reste scandaleux. Il s'agit donc pour l'enfant d'un savoir interdit ou honteux. Or on sait que la curiosité intellectuelle des enfants prend sa source dans la curiosité sexuelle. Si cette curiosité se bloque, c'est le moteur même de la vie intellectuelle qui se grippe et la sidération gagne toute la vie intellectuelle. L'incapacité de penser la différence entraîne une incapacité à penser tout court. L'interdit du savoir bloque tout l'accès à la vie intellectuelle.

En plus, dans cette tentative de comprendre et de se représenter la différence, le handicap introduit une particularité qui vient compliquer le processus et est la source de bien des difficultés. Si l'on prend le modèle de la différence sexuelle, l'enfant se constitue en étant semblable à l'un de ses parents, celui qui est du même sexe que lui, et différent du parent du sexe opposé. Mais qu'en est-il en ce qui concerne la différence liée au handicap ? L'obstacle sur lequel l'enfant achoppe est le suivant : il n'est semblable à aucun de ses deux parents quant à cet aspect de sa personne.

On rencontre une problématique analogue chez des enfants issus de couples mixtes. Lorsqu'un des parents est noir et l'autre blanc, l'enfant, couleur café au lait, n'est semblable ni à l'un ni à l'autre. Il connaît souvent une période d'inquiétude et d'incertitude quant à son identité où se mêlent, comme pour l'enfant handicapé, les représentations de couleur et de sexe. Cet enfant est l'incarnation, de par son anormalité ou de par la couleur de sa peau, d'une scène primitive qu'il ne peut se représenter. De quelle mère et de quel père est-il issu ? De quel couple est-il le fruit ? De qui est-il semblable ? Et à qui ou à quoi pourra-t-il donner le jour ? « Papa n'a pas mis la bonne petite graine », dit un jeune garçon, exprimant l'idée que l'on retrouve chez tous d'une déformation ou d'une anomalie du processus de procréation qui a été à l'origine de leur naissance. Quelque chose est allé de travers. Quelque chose qui n'aurait pas dû se passer. Une erreur. Ou une faute.

Un enfant éternel

La sexualité de l'enfant handicapé reste un point épineux pour les parents même les plus avertis. Alors que tous les problèmes relatifs au handicap peuvent être abordés, celui de la sexualité reste le dernier tabou. D'après les témoignages des parents, c'est bien souvent au moment de la naissance ou les premières heures qui suivent l'annonce du diagnostic que les pensées concernant la sexualité leur traversent l'esprit. À ce moment-là, ils ont des images précises du devenir sexuel de leur enfant. Des représentations claires de sa vie d'homme ou de femme. La pensée qu'ils ne seront peut-être jamais grands-parents s'ils n'ont pas d'autres enfants. Mais ces représentations sont aussitôt refoulées, ce qui se traduit par cette difficulté persistante à parler de la sexualité, dès lors qu'il y a un handicap. En réalité, le problème n'est pas que le handicap est de l'ordre de l'irreprésentable, mais plutôt qu'il réactive des fantasmes tellement inavouables que toutes les représentations qui surgissent sont aussitôt refoulées.

De plus, la petite enfance permet d'évacuer ces douloureuses projections dans l'avenir. « Tant qu'elle est petite, ça passe », disait un père, se faisant l'écho de ce que pensent tous les parents. La tentation est grande de le garder petit le plus longtemps possible. Les signes de l'éveil de la puberté sont souvent méconnus ou déclenchent des réactions violentes de dénégation. L'apparition des règles chez les jeunes filles handicapées provoque souvent chez les mères une véritable crise psychologique, où tout est remis en question. Il y a un aveuglement étonnant aussi bien du côté des parents que chez les médecins. Face à un jeune handicapé, qui manifeste de manière flagrante tous les signes de la puberté, les adultes persistent à voir un enfant. Par exemple, le spina-bifida est un handicap qui a de lourdes conséquences sur la vie sexuelle. Les jeunes adolescents qui en sont atteints ont besoin de toute évidence que des informations leur soient données, car ils vivent des expériences corporelles mutilantes, source d'innombrables questions qui devraient pouvoir être abordées avec des adultes, leurs parents, mais aussi, ou surtout, les éducateurs ou les médecins. Or ce que l'on constate, c'est que ceux-ci se dérobent à ce dialogue. « Mais il ne pose aucune question », entend-on alors. Si l'on suggère d'aller au-devant des questions, qui sont manifestement présentes, même si elles ne sont pas formulées verbalement, on s'entend répondre : « Ce n'est pas encore le moment. » Face à un adolescent ou à une jeune fille, qui manifeste sa sexualité et qui a besoin d'en parler, les adultes, aveuglés par leur peur, s'obstinent à voir un éternel enfant.

C'est une des raisons de la surprotection qui empêche souvent l'accès à l'autonomie et maintient le lien de dépendance. Lien intense, parfois indissoluble, immuable, dont il est impossible de se départir lorsque l'enfant grandit. Quand l'enfant manifeste sa volonté de faire tout seul, les parents y opposent tous les obstacles imaginables, que le handicap justifie si facilement. Il est par exemple surprenant de constater combien il est difficile d'obtenir des familles les petits aménagements qui permettent à l'enfant d'avoir une vie plus autonome : vêtements faciles à ôter, rampes, appareillages qui permettent les déplacements. On est en pleine ambivalence : apparemment, les parents adhèrent à ce qui pourrait favoriser l'indépendance, mais en fait, jour après jour, cela ne se fait pas. Ces résistances reflètent le souhait d'éviter ce qui rend visible le handicap, comme le fauteuil roulant. Mais, plus profondément, j'y perçois la résistance des parents à accepter l'autonomie, le devenir adulte de l'enfant qui signifie son accès au monde de la sexualité adulte. Ce à quoi les parents font obstacle, ce n'est pas tant l'autonomie en elle-même, mais ce qu'elle représente comme voie de passage vers un statut d'adulte sexualisé.

La procréation interdite

Comme nous l'avons vu, il est difficile pour les parents d'inscrire cet enfant dans leur généalogie. Mais plus difficile encore, voire impossible, d'imaginer qu'il puisse à son tour procréer. Le handicap, surtout celui qui est dû à des anomalies du patrimoine génétique, suscite une idée d'étrangeté telle que ce serait comme une mutation. Un être venu d'ailleurs, un extraterrestre, sans ascendants, ni descendants. En effet, si l'on peut constater une évolution des idées depuis quelques années qui tend à accepter la sexualité des handicapés, l'idée de la procréation continue d'être effrayante. Elle confronte les parents à des images intolérables et les professionnels à des problèmes éthiques très délicats. Par exemple, quelle position adopter face au désir d'enfant des adolescentes ou adultes trisomiques ? Imposer la contraception a des répercussions psychologiques qui vont loin pour le sujet handicapé et met en jeu des mouvements affectifs et éthiques complexes chez les parents ou les médecins. En effet, cela revient, d'une part, à dire à une femme trisomique qu'elle ne doit pas avoir d'enfants parce que cet enfant risque d'être trisomique et donc que les trisomiques, c'est-à-dire elle-même, ne devraient pas exister et, d'autre part, c'est lui signifier son incapacité à être parent.

Une filiation fautive

L'enfant handicapé remue violemment les questions de filiation. D'où vient la tare ? Inévitablement, cette question se pose. À l'intérieur du couple, les parents se rejettent la responsabilité ou se protègent mutuellement dans un silence de mort. Les ondes du choc traversent les générations. Les grands-parents sont activement pris dans ce questionnement sur l'origine du handicap. Fréquemment, les parents éprouvent de grandes résistances à annoncer le handicap à leurs propres parents. Cette difficulté est liée à ces fantasmes de procréation fautive : une conception incestueuse ou monstrueuse qui remonte les générations et met en cause les grands-parents. « Je ne peux pas dire ça à ma mère qui est déjà malade, qu'est-ce que ça lui ferait... » C'est leur faire violence en effet, aveu ou accusation, que de leur annoncer un handicap qui évoque toujours une idée d'hérédité.

Les géniteurs de cette anomalie, en s'interrogeant sur son origine, sont amenés à imaginer ce qui en eux a pu donner jour à un bébé anormal. « Je suis le père d'un monstre. » Telle est la première phrase que Kenzaburō Ōé attribue au personnage principal de son récit autobiographique, *Une affaire personnelle*, lorsque celui-ci apprend la naissance de son fils anormal. Malaise, honte, sentiment d'une déchéance dans laquelle le narrateur s'enfonce avec complaisance, à travers l'alcool et la sexualité. L'annonce de l'anormalité amène chez le narrateur des fantasmes au sujet de l'acte sexuel qui a produit ce bébé monstrueux. D'où vient-il ? De quelle matrice malfaisante ? « J'ai peur de ces recoins obscurs où ce bébé monstrueux s'est formé. Quand je l'ai vu, avec sa tête couverte de pansements, j'ai pensé à Apollinaire, sur un champ de bataille. Cette bataille, il l'a menée tout seul, dans un lieu obscur que je n'ai jamais vu... Et j'ai peur d'envoyer mon sexe sur ce champ de bataille... » Si l'acte sexuel avec sa femme a donné le jour à ce bébé malformé, qu'en sera-t-il désormais du désir qu'il pourra éprouver pour son épouse ? Quelle image lui reste-t-il de sa sexualité ?

Les fantasmes relatifs à la conception de l'enfant, ce que les psychanalystes appellent le fantasme de la scène primitive, sont vivement sollicités et profondément bouleversés par le handicap de l'enfant. La malformation atteint les origines du désir parental. Comment accepter que cet enfant conçu dans le désir puisse être porteur d'une étrangeté monstrueuse ? D'une manière générale, on peut dire que la naissance mobilise toujours un fantasme inconscient d'ordre sexuel et incestueux, car chaque enfant est l'enfant du désir œdipien, c'est-à-dire qu'il est le bébé que les parents dans leur enfance ont imaginé concevoir avec leur père ou leur mère. Mais la présence d'un handicap donne un support objectif à ce fantasme et à cette culpabilité. Ce qui devait rester de l'ordre du secret s'inscrit dans la réalité tangible et visible du corps de l'enfant qui est mis au monde. Si tout bébé manifeste au grand jour la vie sexuelle de ses parents, le bébé porteur d'un handicap témoignerait d'une sexualité anormale.

Dans de nombreux mythes, une naissance monstrueuse vient dévoiler au grand jour une conception fautive. Symboliquement, la difformité est signe que cette naissance est le fruit d'un inceste et la punition des dieux. « La maison du juste n'a que de beaux enfants », est-il dit dans l'*Agamemnon* d'Eschyle. Dans la mythologie, la boiterie d'Œdipe, par exemple, est un déséquilibre qui évoque métaphoriquement d'autres déséquilibres : défaut, déviation, qui touche la filiation. Pour les Grecs, la boiterie physique était liée à la boiterie morale, et plus précisément à une filiation boiteuse. Pour les parents, le handicap de l'enfant réactive toujours des fantasmes de procréation fautive et incestueuse : si l'enfant qui naît est atteint d'une anormalité, c'est que ses parents, en concevant ce bébé, ont transgressé un interdit. Par cet enfant-là, les désirs incestueux sont brutalement révélés au grand jour.

Priape : rejet et exhibition

Les mythes sont riches d'enseignements sur les significations symboliques multiples du handicap et ils nous permettent d'éclairer ce qui se cache derrière l'effroi que la sexualité des personnes handicapées nous inspire. Dans la mythologie grecque, il y a une figure, celle de Priape, qui évoque le lien, toujours présent mais souvent caché, entre handicap et sexualité. Priape est un petit dieu qui se caractérise par une difformité physique, à savoir une hypertrophie sexuelle. Il est représenté ou décrit par sa petitesse, sa laideur et la disproportion de son sexe démesuré, toujours en érection. Personnage obscène et réduit à la dérision, il suscite effroi ou rires. L'histoire de Priape offre, de manière frappante, une illustration de la situation de l'enfant qui arrive au monde avec une anomalie. La mythologie nous raconte que Priape est le fils d'Aphrodite et de Dionysos. Lors de sa naissance, Aphrodite, sa mère, déesse de la beauté et de l'amour, ne peut soutenir la vision de la laideur de ce bébé. Elle détourne le regard. Elle rejette l'enfant. L'enfant, privé du regard de sa mère, sera réduit à susciter toute sa vie rires et moqueries en exhibant ce qui a provoqué sa honte et son rejet. La figure de Priape nous semble emblématique du destin de l'enfant handicapé. Réduit à son anomalie, il ne lui reste plus qu'à exhiber cette marque diffamante qui fait de lui un objet de fascination et d'effroi.

On peut observer de telles conduites d'exhibition chez les enfants handicapés. Comme Priape, ils donnent à voir leur handicap : les enfants handicapés moteurs qui bavent plus qu'habituellement dans certaines circonstances, les enfants qui « font le fou », se font passer pour plus bêtes qu'ils ne sont, se mettent à articuler plus mal que d'habitude, à ne plus comprendre, à accentuer des traits physiques liés à leur handicap. À l'image de Priape, dont le destin est d'exhiber ce « trop » dont sa mère a détourné le regard, l'enfant est identifié à son handicap qu'il met en avant comme s'il fallait le rendre visible. La mère de Ken, un garçon trisomique originaire du Cambodge, envisage pour lui une circoncision. À mon étonnement, elle répond que cette pratique n'est pas du tout habituelle dans leur culture. S'agit-il d'inscrire dans son corps, sur son sexe, la marque de sa trisomie 21 peu visible chez un enfant asiatique ? Comme l'identité de Priape se condense dans la marque honteuse de son phallus démesuré, l'enfant n'est plus que handicap. Dès lors, il est condamné à exhiber ce qui suscite à la fois l'attirance et la honte. Isabelle, trisomique, cinq ans, se maquille les yeux à grands traits de feutre rouges et bleus : cherche-t-elle à masquer ou à marquer ses yeux bridés caractéristiques de sa trisomie ?

Réduits par le regard d'autrui à leur anormalité, les enfants handicapés oscillent, en miroir, entre deux attitudes contradictoires : d'une part dissimuler leur différence, d'autre part la montrer et l'accentuer. Parfois, il y a déplacement d'une partie du corps à une autre ; on montre une chose pour mieux en cacher une autre.

Georges, atteint d'une infirmité des membres inférieurs, a des comportements d'exhibition sexuelle qui inquiètent l'entourage. Mais, curieusement, il est très pudique en ce qui concerne ses pieds handicapés : il refuse d'enlever ses chaussures et s'oppose aux soins que nécessite son infirmité. Il donne à voir son sexe, mais refuse de montrer ses membres handicapés. Comme les prestidigitateurs, dont l'art consiste à distraire le regard de l'endroit où il se passe quelque chose pour l'attirer vers un endroit où rien ne se passe. Est-ce que Georges attire le regard sur son sexe pour mieux dissimuler sa difformité ?

Un peintre infirme : Toulouse-Lautrec

Ces observations montrent qu'il y a là, plus que des bénéfices secondaires, une indication sur la manière dont le handicap est intégré dans l'organisation libidinale de l'individu. Un être marqué dès sa naissance ou ses premières années dans son corps ou son esprit construit forcément toute son identité autour et avec cette différence. L'histoire du peintre Toulouse-Lautrec est une étonnante illustration de cette organisation psychique[1]. En effet, Toulouse-Lautrec était atteint d'une infirmité physique qui lui donnait un aspect très disgracieux. Écoutons la description que la chanteuse Yvette Guilbert fait de lui après leur première rencontre : « La grosse tête de Gnafron posée sur le corps d'un petit nain ! Une tête brune, énorme, la face très colorée et

1. KORFF-SAUSSE S., « Le petit Priape : regards d'une psychanalyste sur Toulouse-Lautrec », in *Topique,* n° 53, 1994.

noirement barbue, une peau grasse, huileuse, un nez de quoi garnir deux visages et une bouche ! Une bouche balafrant la figure d'une joue à l'autre, ayant l'aspect d'une large blessure ouverte. Les muqueuses des lèvres, formidables et violet-rose, aplaties et flasques, ourlant cette fente effroyable... et obscène ! » Lors du repas, « les mets s'engouffraient dans la fente de sa bouche, et chaque mouvement de la mastication montrait la manœuvre humide et salivée des énormes muqueuses qu'étaient ses lèvres. Quand vint le poisson sauce remoulade, ce fut un clapotis extraordinaire ». Comment vivre avec un tel corps ? Que faire de cette singularité douloureuse ?

Toulouse-Lautrec va construire son personnage autour de son infirmité qu'il mettra en avant toute sa vie. Dès ses lettres de jeunesse, il souligne son handicap et le proclame comme faisant partie de son identité, par exemple en signant « Henry-Patte-Cassée ». Toulouse-Lautrec, tel Priape, semble avoir fait le choix — mais avait-il le choix ? — d'accentuer ce qui provoque la honte et l'horreur et d'en jouer, sur le mode de la dérision. Cette réalité, il la connaissait bien pourtant, et en portait le poids douloureux comme en témoigne la lettre à sa mère, où il se décrit tel « cet être horriblement abject, qui fait votre désespoir ». Mais il s'agit d'afficher sa difformité plutôt que de la dissimuler.

Ce mouvement psychique — donner à voir son infirmité, ériger la blessure en trait caustique, se moquer de soi-même avant que les autres ne le fassent — se traduit dans l'extraordinaire talent de portraitiste (il saisit les traits marquants, les angles aigus de chaque personnalité) et de caricaturiste de Toulouse-Lautrec. Extraordinaires et féroces sont en particulier les caricatures où il se figure lui-même : ses jambes courtes, ses lèvres charnues, sa silhouette difforme, ses lunettes, sa pilosité particulière. Il fait son autoportrait en satyre, en dompteur d'animaux, en chien. Il se dessine nu, le sexe toujours en érection. Par un retournement malicieux, il tire gloire de sa disgrâce en la tournant en dérision. Il montre — exhibe ? — sous une lumière crue et cruelle toute sa monstruosité, mais il en en tire un malin plaisir. Il transforme la plainte en triomphe. Triomphe douloureux, certes, où le tragique n'est jamais bien loin. Mais cela lui permet de tenir la route. Il y trouve son identité. Il sera donc cela : un personnage provocant, une caricature. Le bouffon du roi.

En effet, un des modes de défense qui s'offre à l'individu marqué par une anomalie est de la tourner en dérision. Cette réaction trouve son illustration dans la figure historique du bouffon du roi. De tous temps, des hommes au pouvoir — rois, princes ou chefs d'État — se sont entourés d'infirmes, tels des nains ou des bossus, mais aussi des handicapés mentaux. Le fou du roi était celui qui avait le droit de dire tout haut ce que les autres étaient obligés de penser tout bas. Fonction de dérision, à laquelle l'individu handicapé peut être tenté de s'identifier. C'est une place toute désignée qui lui permet d'être quelqu'un, d'avoir une fonction. C'est une voie de résolution de la différence. Mais à quel prix ?

Le pouvoir de dérision du bouffon lui donne le droit d'énoncer la vérité, mais d'une place qui n'en est pas vraiment une, ou du moins qui est tronquée. Bouffon, clown, être asexué ou hypersexué, mais sans identité sexuelle véritable, pas vraiment homme ou femme. Une mère me faisait remarquer qu'on a tendance à tutoyer les femmes trisomiques adultes. Elle souffrait de penser que sa petite fille trisomique, plus tard, ne serait pas considérée comme une personne à qui on dit « vous », c'est-à-dire pas comme une femme à part entière avec la dignité qui impose le respect de l'autre.

Il y a dans la vie et l'œuvre de Toulouse-Lautrec un autre épisode, où nous retrouvons Priape. Sur les portraits que l'artiste a faits de sa mère, elle est représentée le regard baissé, retirée à l'intérieur d'elle-même, absente, ce qui est en contradiction avec les autres portraits de femmes dont le regard est bien présent, même s'il est désenchanté. Cette vision du peintre est également en contradiction avec les descriptions qui ont été faites de sa mère, très présente auprès de son fils dont elle s'est occupée toute sa vie, subvenant à ses besoins matériels et essayant de comprendre son art. Est-ce que Toulouse-Lautrec aurait représenté là l'expérience douloureuse de l'enfant Priape avec sa mère, la belle Aphrodite, qui ne pouvait soutenir la vue de cet enfant si laid ? La mère de Toulouse-Lautrec était très belle dans sa jeunesse, nous disent les photos et les témoignages. De même, son père était une homme grand et beau. Aphrodite et Dionysos qui auraient mis au monde un petit Priape.

Curieusement, à la fin de sa vie, Toulouse-Lautrec évoque lui-même ce couple parental mythologique. Lors d'une cure de désintoxication, quelques mois avant sa mort, il écrit à un ami : « Dear Sir, je me nourris de noix vomiques : ainsi Bacchus et Vénus sont barrés. » Bacchus et Vénus, équivalents latins de Dionysos et d'Aphrodite, apparaissent là, sous la propre plume de Toulouse-Lautrec, pour évoquer l'alcool et l'amour qui désormais lui sont interdits. Aurait-il passé toute son existence à rechercher, à travers la boisson qui finira par le tuer et une activité sexuelle assez frénétique si l'on en croit les divers témoignages, les figures parentales qui se dérobaient ?

En réalité, les biographes nous apprennent que Henri de Toulouse-Lautrec était atteint non seulement d'une difformité des jambes, mais d'une autre malformation :

une hypertrophie sexuelle. Ainsi, il était effectivement Priape. Et dans les maisons closes, où il aimait à se réfugier, on l'appelait « le petit Priape »...

L'utilisation perverse du handicap

Le handicap provoque une dépendance réelle, prolongée, voire définitive, vis-à-vis de l'entourage qui est lourde de conséquences pour le devenir psychique de l'enfant. Cette dépendance va à contre-courant de l'évolution normale vers l'autonomisation. Les liens de dépendance mutuelle sont investis d'une valeur de plaisir et de déplaisir et s'inscrivent très tôt, en termes économiques, dans l'organisation psychique et libidinale. Parfois, la mère et l'enfant sont tellement engagés dans les bénéfices secondaires de cette relation qu'on peut parler d'une véritable érotisation du handicap, voire d'une utilisation perverse, avec des composantes masochistes et sadiques.

Le corps de l'enfant handicapé devient de manière excessive un objet à manipuler, à voir, à soigner, à ausculter, à examiner, à porter, à diagnostiquer. De cet être dépendant et soumis, la mère, parfois, est la maîtresse, au sens où on utilise ce mot dans les relations sadomasochistes. La mère risque de le maintenir dans cet état et de se fixer elle-même dans les tourments et les délices du dévouement et du sacrifice. Ils sont enchaînés l'un à l'autre, car si l'un d'eux rompt ce lien, l'autre s'écroule. Une fois que les choses sont engagées sur cette voie, seule une intervention extérieure peut remettre en mouvement ce système figé, dans lequel chacun trouve son compte. Seul un regard nouveau peut ouvrir des yeux qui ne voient plus la réalité de l'enfant, à savoir qu'il grandit et n'est pas un éternel nourrisson, même s'il a et aura toujours besoin de l'aide des autres pour les gestes de la vie quotidienne. Si la mère est souvent la plus disponible pour tenir ce rôle, les pères n'en sont pas absents, et peuvent même y être tout autant impliqués.

La dépendance et la vulnérabilité encouragent de part et d'autre les tendances perverses. Chez l'enfant, il y a un plaisir masochiste à se faire manipuler, chez l'adulte un plaisir sadique à le manipuler. Dans les groupes où des enfants handicapés vivent au milieu d'enfants du quartier, on peut parfois observer des situations qui montrent cette tendance — on pourrait presque dire cette tentation — de l'enfant très déficitaire de se mettre à la place de la victime et la propension des autres à être, souvent malgré eux, ses bourreaux.

On observe alors — et c'est toujours assez surprenant — que certains enfants très handicapés, grabataires, sont complètement ignorés, voire maltraités, par les autres. Ceux-ci leur marchent dessus et ne semblent pas pouvoir prendre en compte l'existence et la souffrance de ces camarades-là, alors que, par ailleurs, ils acceptent très bien leurs camarades handicapés. Curieusement, les enfants victimes de ces comportements ne manifestent aucune réaction et n'expriment aucune protestation. On peut se demander dans quelle mesure ces enfants qui renoncent à réagir, à résister aux autres — bref à exister — n'induisent pas des comportements agressifs à leur égard.

Un jour un membre du personnel a eu spontanément une réaction paradoxale. Une petite fille, Camille, vient la voir, très consternée, en disant : « Thomas m'a tapée. » Or Thomas est un enfant atteint d'un handicap moteur gravissime, appareillé, fragile, fatigable et souvent triste, qui est tout à fait incapable de taper. L'adulte comprend que c'est bien entendu le contraire qui s'est produit : c'est Camille qui a tapé Thomas. Et Camille ne sait comment exprimer son désarroi et sa culpabilité d'avoir commis ce geste agressif intolérable à l'égard d'un camarade si démuni. Elle le dit à sa façon, en retournant la situation en son contraire, mais elle le dit quand même, cherchant une réaction, ou une punition, ou peut-être une explication de la part de l'adulte. Elle dit le décalage insupportable entre elle et Thomas, elle dit l'agressivité que peut susciter un enfant si fragile.

Mais ce qu'elle dit, c'est aussi son souhait : que Thomas, au lieu d'être cet enfant si passif et si vulnérable, se transforme en un garçon capable de l'agresser, comme tous ses camarades bien portants. Qu'il réagisse, qu'il se manifeste, car son silence si douloureux et sa passivité si mélancolique sont angoissants. Au lieu de gronder Camille, l'adulte l'a rassurée, mais elle a grondé Thomas... « Franchement, plutôt que de pleurer en silence, tu aurais pu nous appeler. Tu ne peux peut-être pas bouger, ni riposter, mais tu peux crier, pour qu'on vienne t'aider. »

L'enfant handicapé réveille chez l'autre ses tendances sadiques. La passivité de Thomas constitue pour les autres un appel à la violence. « Être faible est une notion aussi agressive que l'attaque du fort vis-à-vis du faible. Fondamentalement, meurtre et suicide sont identiques », écrit D.W. Winnicott [1]. En effet, pour Camille la faiblesse excessive et l'attitude quasi suicidaire de Thomas ont été vécues comme une agression, c'est pourquoi elle y a répondu par son geste violent. Consoler Thomas aurait été le conforter dans sa position de passivité impuissante et masochiste. Le gronder est une

1. WINNICOTT D. W., « L'agressivité et ses rapports avec le développement affectif », in *De la pédiatrie à la psychanalyse*, Payot, 1971.

tentative de lui restituer la possiblité d'être acteur et non pas victime.

L'exemple de Thomas, ainsi que l'histoire de Toulouse-Lautrec et le mythe de Priape, montrent que la difformité provoque des attitudes contradictoires : attirance et dégoût, rejet et séduction, compassion et agressivité, pitié et sadisme. C'est la conjonction de ces contraires qui suscite l'effroi. Une version du mythe raconte que Priape plaisait beaucoup aux femmes de Lampsaque et fut exilé de cette cité par les hommes jaloux. Les enfants handicapés exercent parfois un réel pouvoir de séduction malgré ou au moyen de leur handicap. Toulouse-Lautrec joue de sa difformité pour émouvoir ou triompher. Thomas suscite agressivité chez les uns et désir de le protéger chez les autres.

Horreur *ou* fascination. Horreur *et* fascination. Freud a montré que le plaisir et la douleur sont liés et que le dégoût vient secondairement à la place de l'envie. Dans les écrits de Georges Bataille, il apparaît avec force que lorsqu'il y a horreur, l'attrait n'est pas loin : « Il n'est pas de forme de répugnance dont je ne discerne l'affinité avec le désir. Non que l'horreur se confonde jamais avec l'attrait, mais si elle ne peut l'inhiber, le détruire, *l'horreur renforce l'attrait*[1] *!* » Bataille élucide la nature de notre peur et en indique la signification : l'horreur a pour fonction d'inhiber ou de détruire l'attrait intolérable. Mais si elle n'y réussit pas, c'est une accentuation de l'attrait qui se produit. L'horreur masque la fascination ; le rejet cache l'attirance.

Ainsi, la sexualité des handicapés suscite un effroi massif, qui masque en fait des peurs bien particulières, mais intolérables. Il s'agit tout d'abord de la peur que suscite l'idée que cet enfant puisse être le fruit de ma

1. BATAILLE G., préface à *Madame Edwarda,* Pauvert, 1956.

procréation, puis la peur qu'il puisse lui-même procréer. Mais c'est à un niveau plus profond l'idée de procréer avec cet être-là. Voilà en effet le fantasme le plus inquiétant, l'image la plus menaçante, celle qui suscite l'épouvante et nous fait détourner notre regard : l'idée d'un rapprochement sexuel avec cet être marqué par une anomalie. Anomalie évocatrice de la plus inquiétante étrangeté ; anomalie révélatrice de fautes imaginaires ou de désirs inavouables ; anomalie qui suggère la monstruosité. Dès lors, ce qui est insupportable et qu'il faut éviter à tout prix, c'est l'attirance que l'on pourrait éprouver pour cet être. Et c'est parce que cette idée n'est pas exclusive aux parents, mais concerne tout le monde, qu'elle est d'autant plus dangereuse et à refouler. Voilà ce à quoi est confronté l'enfant atteint d'un handicap dans son accession à son identité d'adulte sexué : être toujours celui qui incarne l'anormalité et suscite l'effroi, dans une conjonction de l'horreur et de l'attrait.

9

L'exclusion

Le droit à la ressemblance

En se réveillant un matin après des rêves agités, Gregor Samsa se retrouva, dans son lit, métamorphosé en un monstrueux insecte.

[...] pour ce qui est de vous débarrasser de la chose d'à côté, ne vous faites pas de souci. C'est déjà réglé.

KAFKA (Début et fin de *La Métamorphose*)

L'interpellation de Marie — « Je suis trisomique, et toi ? » — nous renvoie à cette constatation : le vrai problème n'est pas la différence, mais la ressemblance. Dans les colloques et les publications, on parle couramment, à propos des enfants handicapés, d'enfants « pas comme les autres ». Cette expression, en insistant sur la spécificité au détriment de l'universalité, accentue la différence au détriment de la ressemblance. Souligner en quoi cet enfant-là diffère est une manière d'éviter de voir en quoi il est, malgré sa différence, « comme les autres ». En effet, la différence exerce un pouvoir d'attraction beaucoup plus grand que la ressemblance. Elle est ce qui se voit ; ce qui saute aux yeux ; ce qui attire l'attention. Elle est l'évidence. La ressemblance, en revanche, est beaucoup plus difficilement perceptible. Et tellement plus inquiétante...

En effet, accepter l'autre avec sa différence est une chose ; mais accepter l'autre dans sa ressemblance en est une autre, beaucoup plus ardue, car plus menaçante.

S'il me ressemble, il est un miroir dans lequel je risque de reconnaître une part de moi-même que je n'admets pas, voire qui me fait horreur. Plutôt que de revendiquer le droit à la différence, il est donc beaucoup plus dérangeant de réclamer le droit à la ressemblance.

C'est le semblable qui est dangereux

Un être totalement dissemblable, en effet, n'a rien de menaçant. Cela explique la façon dont les époques anciennes résolvaient la question de l'altérité. Nous avons souvent une idée fausse de la place que donnaient les sociétés traditionnelles à leurs « handicapés ». Le « fou du village », loin d'être intégré, au sens où nous l'entendons aujourd'hui, avait une place peu enviable. Le fou, le malade, l'infirme étaient objet de curiosité et de risée, mais pas d'inquiétude ni même de rejet, car ils étaient considérés comme étant d'une nature différente et ne touchaient donc en rien l'intégrité de celui qui pouvait les regarder sans en être affecté. C'est ainsi, par exemple, que sous l'Ancien Régime les foules allaient le dimanche à Charenton « voir » les malades mentaux. Si la folie était une distraction, un sujet de diversion, c'est justement parce qu'elle ne menaçait en rien celui qui la voyait. Les individus atteints d'une disgrâce ou d'une anomalie étaient « tolérés », mais toujours considérés comme radicalement différents. Jusqu'au XIXe siècle, le tissu social était constitué par une altérité infranchissable[1]. De même qu'un aristocrate n'avait rien de commun avec un serviteur, de même que homme et femme avaient des droits inégaux, de même que le

1. SWAIN G., « Une logique de l'inclusion : les infirmes du signe », in *Esprit*, n° 5, 1982.

Noir était d'une race différente du Blanc, de même l'infirme ne pouvait avoir aucun point de ressemblance avec l'homme bien portant, maître de son corps et de sa raison.

Ce n'est qu'après la Révolution française et l'idée de l'égalité des hommes que l'intérêt pour le malade ou l'infirme put se modifier. C'est à la faveur d'une « mutation anthropologique », que l'historien Marcel Gauchet et la psychiatre Gladys Swain ont étudiée dans leur remarquable ouvrage intitulé *La Pratique de l'esprit humain,* qu'émerge une relation de réciprocité qui permet de se penser soi-même comme un autre et l'autre comme pas fondamentalement étranger à soi-même. À partir de là, le rapport à l'enfant infirme ou déficient est profondément changé : il peut être intégré dans le groupe social et éventuellement devenir l'objet de soins, puisque son état n'est plus considéré comme constitutionnellement inaltérable, mais susceptible de changements et d'améliorations.

Les études ethnologiques donnent parfois à penser que les handicapés seraient intégrés de façon spontanée dans les sociétés traditionnelles. On dit aussi que, dans les autres cultures, certaines catégories de handicapés auraient un statut d'exception, qui leur assurerait une intégration dans le groupe social. Cette conception me semble correspondre assez naïvement à une image idéalisée des sociétés dites primitives. Pourraient-elles échapper à l'ambivalence ? Ne connaîtraient-elles pas le décalage entre ce qui est dit et ce qui est pratiqué, tel que nous le voyons dans la nôtre ? Il est certainement illusoire de croire — mythe de la bonté primordiale de l'homme ? — que le handicap ne donnerait lieu à aucun rejet dans d'autres cultures. En réalité, il est extrêmement difficile d'obtenir des informations précises et fiables pour savoir ce qui se pratique un peu partout dans le monde à l'égard des enfants handicapés.

Dans toutes les sociétés, au-delà des différences culturelles et malgré l'évolution historique, les attitudes de rejet persistent et continuent de se manifester sur le plan social. D'une manière générale, il est tellement plus commode de penser que je n'ai rien en commun avec cet être infirme, invalide ou déficitaire. La localisation de la différence à l'extérieur de soi permet d'éviter l'étrangeté en soi-même. Ce qui est à l'œuvre dans ce mouvement, c'est le mécanisme de la projection qui consiste à rejeter, du dedans vers le dehors, les pensées, sentiments ou attitudes déplaisantes pour le moi. Puis ils feront l'objet de la haine et du rejet, ou seront transformés en leur contraire, à savoir la sollicitude et la pitié.

Dans *La Métamorphose*, le personnage de Kafka, Gregor Samsa, subit ce sort d'être « chosifié », par son entourage. À partir du moment où il est transformé en un insecte monstrueux, il n'est plus reconnu dans son identité. Gregor Samsa est déshumanisé, afin que son sacrifice puisse être accompli sans aucun scrupule. Lui-même, cependant, a gardé le sentiment de son identité, malgré la transformation de son apparence et malgré la perte du langage, c'est-à-dire la possibilité de communiquer et de partager ses émotions. Il est frappant de constater à quel point ses proches lui dénient la capacité d'éprouver des sentiments, dès lors qu'il n'a plus la possibilité de parler. Un être qui ne peut pas parler est considéré comme un être qui ne peut ni penser ni ressentir. Il est devenu un monstre pour les autres, mais il est resté, dans son propre monde intérieur, un homme identique à lui-même. Terrible décalage, source des plus grandes souffrances, que Gregor ne parvient pas à franchir.

Dès lors, les autres n'ont plus qu'à le considérer comme une « chose », et cette chose-là, il n'y a plus qu'à s'en débarrasser, comme l'on se débarrasse d'une vermine. C'est la femme de ménage qui se charge de cette tâche, comme elle se charge de débarrasser les ordures ménagères. « Ben... », répondit-elle, gênée pour parler tant elle affichait un grand sourire, « pour ce qui est de vous débarrasser de la chose d'à côté, ne vous faites pas de souci. C'est déjà réglé. » Et, comme si cela ne suffisait pas, face à tant de complaisance déplaisante et afin d'effacer toute trace à la fois de l'existence de Samsa et du crime commis sur lui, le père dit : « Ce soir, je la mets à la porte. » Il faut se débarrasser non seulement de la vermine, mais aussi de ceux qui ont été chargés de son élimination...

La logique de l'exclusion commence par cela : désigner l'autre comme radicalement différent. Rejeter l'enfant porteur d'un handicap dans un monde autre, le monde des handicapés ; mettre les malades mentaux derrière les murs de l'asile ; isoler les patients atteints du sida dans des services hyperspécialisés. Chaque fois, il s'agit du même mécanisme de projection qui gouverne tous les phénomènes d'exclusion.

Les paradoxes de l'exclusion et de l'intégration

« Exclusion. » Le mot est omniprésent. Impossible à l'heure actuelle d'ouvrir un journal ou d'écouter le discours d'un homme politique sans rencontrer le terme « exclu » et d'entendre parler de « lutte contre l'exclusion » ou d'« intégration des exclus ». Les termes d'exclusion et d'intégration s'imposent comme allant de soi. Il suffirait d'intégrer les exclus pour parvenir à une société harmonieuse où chacun aurait sa place. Vision idéalisée d'une société aconflictuelle et anhistorique où l'intégration annulerait les conflits sociaux. C'est la politique simpliste et tout-venant de la « lutte contre l'exclusion », qui entraîne une illusoire unanimité de tous les courants politiques.

Ces notions méritent cependant un examen critique, aussi bien en ce qui concerne leurs présupposés théoriques que leur pratique sur le terrain, qui n'est pas toujours conforme aux souhaits officiels. La réalité est beaucoup plus complexe, car les situations d'exclusion et d'intégration engendrent de nombreux paradoxes. Les procédures d'intégration produisent quelquefois à leur insu des situations d'exclusion. L'intégration vers un milieu « normal » peut être une forme d'exclusion. L'exclusion dans un établissement spécialisé peut être une forme d'intégration. On peut même aller plus loin dans ces propositions paradoxales : une même personne est à chaque instant de sa vie intégrée ici, et exclue de là ; une même personne dans un même lieu peut être tantôt intégrée, tantôt exclue. À l'intérieur de sa propre personne, chacun connaît des états d'intégration et des états d'exclusion. Il faut donc relativiser et nuancer ces notions, et surtout montrer en quoi une réflexion en termes d'exclusion et d'intégration risque de méconnaître la singularité de l'individu.

Dans le domaine de l'enfance handicapée, la question de l'intégration est prédominante. Or que veut dire intégrer un enfant ? On n'intègre pas une personne dans son milieu naturel. C'est parce qu'un individu est étranger à un milieu qu'il faut l'intégrer dans ce milieu. L'intégration implique donc, dès le départ, une notion d'exclusion. Celui qui fait l'objet d'une démarche d'intégration est par définition un étranger, au sens large.

Or, si l'on est étranger dans un lieu, c'est parce qu'on

a été exilé d'un autre lieu. D'où serait exilé l'enfant handicapé ? La réponse serait : du monde des non-handicapés. Car si la définition des handicapés varie, la question de la définition des non-handicapés ne se pose même pas. Cela ne se définit pas, cela va de soi. Si l'on ne sait pas très bien ce qu'est un handicapé, chacun est assuré d'appartenir au monde des non-handicapés. Par conséquent, un handicapé est celui qui ne fait pas — ou plus — partie du monde des « non-handicapés ». C'est en somme une définition qui produit d'elle-même une forme d'exclusion. Et cette exclusion est pour l'enfant source d'une grande solitude.

Tout seul « pas comme les autres » ?

Il y a une quinzaine d'années, j'ai participé à une recherche sur l'intégration de l'enfant handicapé en crèche et en maternelle [1]. Lors de mes observations, j'avais été frappée par la solitude de l'enfant handicapé intégré dans un groupe d'enfants normaux. Cet enfant ne rencontre alors aucun enfant comme lui. Tout seul, « pas comme les autres », il est privé des images d'identification nécessaires à tout enfant. Seul support des projections des adultes concernant le handicap, il absorbe tous les fantasmes relatifs à l'anormalité, l'étrangeté, la mort. Situation lourde à porter, avec le risque de radicaliser la différence et d'être indéfiniment l'autre de l'autre.

Il est « l'autre », mais semblable à qui ? Semblable à personne ? L'enfant a besoin de rencontrer d'autres enfants qui, comme lui, sont porteurs d'une anomalie. Cette expérience lui permettra d'affirmer son apparte-

1. *Intégration du jeune enfant handicapé en crèche et en maternelle*, publications du CTNERHI, 1981.

nance à un groupe, qui est une des conditions nécessaires à la construction de l'identité. Avoir des semblables ; faire partie d'un ensemble ; ne pas être seul de son espèce, ce qui serait l'expérience la plus effrayante qui soit.

C'est une des raisons pour lesquelles il se crée actuellement des structures d'accueil de la petite enfance qui innovent sur cette question de l'intégration. Par exemple, une halte-garderie parisienne, la Maison Dagobert [1], accueille un tiers d'enfants handicapés parmi les enfants du quartier. C'est un lieu qui se propose d'abolir les frontières qui définissent habituellement les lieux réservés aux enfants handicapés et les lieux ouverts à tous les enfants.

À partir du moment où un certain nombre d'enfants handicapés sont accueillis au sein d'un groupe d'enfants normaux, la perspective est renversée. Le regard porté sur l'enfant différent n'est pas le même dans ce type d'institutions. De plus, le regard que se portent les uns sur les autres les enfants bien portants et les enfants marqués par une anomalie est source d'échanges et d'interactions enrichissants pour tous. Les observations montrent que, contrairement à ce que l'on pourrait craindre, les enfants handicapés s'attachent moins à leur différence et s'identifient plus facilement aux autres enfants lorsqu'ils sont plusieurs dans un groupe à être marqués par une différence.

Cette forme innovante de l'intégration de l'enfant handicapé est à distinguer des formes d'intégration pratiquées habituellement, qui consistent à accueillir un

1. La halte-garderie Maison Dagobert, 30 rue Érard, 75012 Paris.

Pour plus de détails, on peut lire « Un lieu d'accueil où un enfant sur trois est porteur d'un handicap » de Cécile Herrou, in revue *Contraste — Enfance et Handicap,* n° 1, 1994.

enfant handicapé unique dans une collectivité pour enfants normaux. Quand la frontière laisse passer au compte-gouttes quelques voyageurs isolés, munis d'un « contrat » et d'un laissez-passer en bonne et due forme, cela ne fait qu'accentuer l'existence même de la frontière. Depuis quelques années, au fur et à mesure que l'intégration d'enfants handicapés dans les crèches et les maternelles se généralise, on assiste aussi au fait paradoxal qu'elle devient de plus en plus lourde dans sa conception et son organisation. L'arrivée de l'enfant est précédée de réunions ; elle fait l'objet d'un « contrat » entre la famille et l'établissement ; elle sera réévaluée par des « commissions ». Le progrès apparent masque mal la régression qui s'observe dans les pratiques et les répercussions psychologiques désagréables que ces restrictions entraînent pour les familles.

La création de structures innovantes s'appuie sur une démarche philosophique différente. C'est une autre manière de penser à des notions fondamentales comme l'intégration, l'exclusion, l'altérité. Les handicapés parmi les normaux, les normaux parmi les handicapés. Dans ces lieux d'accueil pour *tous* les enfants, quels qu'ils soient, qui intègre qui ? Qui doit s'adapter à qui ? Ce ne sont pas seulement les enfants anormaux accueillis parmi les enfants normaux, mais aussi des normaux qu'on invite à rencontrer des enfants différents d'eux.

On découvre les problèmes des immigrés... On s'aperçoit qu'il y a des exclus... On constate avec étonnement que la France ne manque pas de lits pour les SDF, mais que ceux-ci rechignent à s'y rendre... Pourquoi ? Face à cette incapacité de penser l'altérité, face à la pauvreté imaginative pour trouver des solutions aux situations des exclus, face à la difficulté à comprendre les échecs, il serait temps peut-être de s'apercevoir que des personnes et des équipes ont fait un travail de fond sur ces questions depuis des dizaines d'années. Dans des secteurs précis et variés dont le point commun est qu'il s'agit de situations extrêmes produisant des phénomènes d'exclusion, ont été mis au point des instruments de travail, dont on peut tirer des enseignements pouvant servir à d'autres domaines. Chercher des solutions, essayer des pratiques, répertorier les difficultés, tirer des enseignements des échecs, analyser les résistances, mettre au point des critères d'évaluation, définir les conditions de réussite, élaborer des outils conceptuels. Et surtout mettre au jour les peurs souterraines et sournoises qui sont à l'origine des phénomènes d'exclusion.

Les enfants handicapés ne seront jamais *comme* les autres. Pourtant ils demandent — ou leurs parents demandent pour eux — à vivre *parmi* les autres. Il ne s'agit pas de nier la différence de cet enfant-là, ni de méconnaître les difficultés spécifiques liées à son handicap. Il ne s'agit pas non plus de minimiser les obstacles à franchir pour accueillir ces enfants dans les structures de la petite enfance : problèmes de personnel, d'effectifs, de locaux, de formation, qui se posent inévitablement lorsqu'il s'agit d'accueillir un enfant qui demande plus de temps et plus d'attention qu'un autre. Mais tout en étant différent, c'est-à-dire moins capable de faire les acquisitions ou de participer à toutes les activités pédagogiques, ne peut-il avoir une place parmi les autres et bénéficier de la vie du groupe d'enfants selon d'autres critères que ceux de la compétitivité et de la performance ?

En vérité, la présence d'un enfant handicapé dans un groupe d'enfants a toujours un effet révélateur. Les insuffisances de l'établissement, les dysfonctionnements de l'équipe et les faiblesses de la pédagogie vont à coup sûr être mis en évidence par cet enfant qui oblige à être attentif et novateur. Inversement, les équipes qui réussissent à intégrer des enfants en difficulté se révèlent généralement d'une grande qualité pédagogique et psychologique. Cet enfant-là demande une vigilance, une inventivité, une attention à l'individualité qui se répercutent sur l'ensemble de la vie du groupe et bénéficie en fin de compte à tous les enfants, handicapés ou non.

Mais, au sein d'un système éducatif de plus en plus élitiste, dans un système médical où s'accentue la programmation des bébés, face à un système social compétitif où chaque enfant est porteur des aspirations de parents angoissés, quelle place est réservée à un enfant si peu conforme aux attentes et si éloigné de l'idéal de santé, d'intelligence, de sociabilité, de précocité, d'autonomie et de réussite que véhiculent massivement les médias ? Dans un monde où il faut « assurer », quelle existence pour ceux qui n'en ont pas les moyens ?

10

« Ou je le tue ou je me tue »
Le meurtre sous toutes ses formes

À l'égard de la cruauté qui conduit au meurtre, osons dire avec assurance, que c'est un des sentiments les plus naturels à l'homme ; [...] il le porte dans toutes ses actions, dans tous ses propos, dans toutes ses démarches ; l'éducation le déguise quelquefois, mais il ne tarde pas à reparaître. Il s'annonce alors sous toutes sortes de formes.

Le marquis de SADE

« Vivre avec un enfant handicapé, dit Kenzaburō Ōé, c'est faire l'expérience quotidienne de la pérégrination de Dante à travers l'Enfer. » L'enfer que cet enfant-là fait traverser à ses parents et à tous ceux qui acceptent d'être en relation avec lui, n'est-ce pas une zone obscure de leur propre personnalité, à savoir des sentiments tellement ambivalents qu'ils risquent de les emporter vers les limites de l'humain — animalité, bestialité, monstruosité ? Et plus particulièrement les idées de mort que la naissance d'un bébé anormal évoque immanquablement ?

Écoutons encore Kenzaburō Ōé, lorsqu'il relate la naissance de son fils handicapé. Il évoque le moment étrange et douloureux du choix du prénom, étrange parce que en l'occurrence, naissance et mort sont trop intimement liés. Comment nommer un être qui est aux confins de la vie et de la non-vie ? Après avoir entendu le verdict médical : « Ton petit présente une grave anomalie. Même si on l'opère, je crains qu'il ne meure ou qu'il ne reste idiot, l'un ou l'autre », le père de l'enfant s'occupe de la déclaration à l'état civil : « Au jour limite pour déclarer le nouveau-né, il s'était rendu à la mairie de son quartier, où l'employée lui avait demandé quel prénom il voulait donner à l'enfant ; mais il n'avait encore aucunement réfléchi à la question. À ce moment l'opération était en cours, et l'enfant allait être sommé de choisir entre la mort et l'imbécillité : une telle existence méritait-elle de recevoir un prénom ? » Il finit cependant par en trouver un : « En puisant dans le vocabulaire latin qu'il avait retenu de sa première année d'université un mot capable d'évoquer à la fois la mort et l'idiotie, il en avait rendu les sonorités au moyen de l'idéogramme signifiant "forêt", donnant ainsi à son fils le nom de "Mori". »

L'envie de meurtre

L'enfant handicapé suscite, toujours et inévitablement, une idée de mort. On pourrait dire que la naissance de tout enfant s'inscrit dans une conjonction de la vie et de la mort, car pour tout parent l'enfant est en même temps continuation de la vie, mais aussi signe annonciateur de la mort. Néanmoins, dès lors qu'il y a handicap, ces idées de mort surgissent avec une acuité accrue et persistante. L'intensité de l'idée de la mort que suscite le handicap est telle qu'elle envahit tout l'univers mental autour de ces enfants.

Dans l'Antiquité, les enfants malformés étaient « exposés », c'est-à-dire livrés à la mort par les parents eux-mêmes. La loi grecque et romaine ordonnait aux parents d'exposer les enfants qui n'étaient « pas semblables à leurs parents » (Hésiode). D'après les mythes et les légendes, il y avait deux modalités d'exposition : les enfants étaient soit remis au fil de l'eau dans une corbeille comme Moïse, soit abandonnés dans un lieu sauvage, comme Œdipe sur le mont Cithéron. Livrer l'enfant aux flots d'un fleuve ou à un lieu inhospitalier, c'est le rejeter hors de l'espace social, c'est le remettre aux dieux. En somme, c'est le renvoyer à ses origines, l'espace liquide maternel ou la nature sauvage. C'est signifier le caractère inhumain, bestial, inculte que l'on suppose — et que l'on redoute — chez cet enfant marqué par une irrégularité. C'est aussi réaliser le fantasme, que l'on devine, sous-jacent, chez bien des parents : « Qu'il retourne là d'où il vient. » Le renvoyer dans le lieu sauvage et archaïque d'avant sa naissance, c'est annuler cette naissance scandaleuse qui entache ses parents de honte.

L'exposition ne consistait pas à tuer directement l'enfant, mais à l'exposer à une épreuve qui lui laissait une chance de survie, même théorique. Dans les mythes, les enfants qui ont vaincu l'épreuve et survécu à l'exposition, recueillis par des bergers ou des animaux, sont promis à un destin héroïque, comme Moïse, Œdipe, Remus et Romulus. On retrouve ainsi dans la mythologie la double signification de l'infirmité : rejet et fascination. D'exclu l'enfant exposé devient un héros. Celui qui apportait la malédiction sur la cité devient un être investi de pouvoirs surnaturels. Dans l'Antiquité, la cécité, par exemple, donnait un statut particulier, car on attribuait à celui qui est privé de la vue une clairvoyance surnaturelle. De la même manière, dans la clinique, on a pu observer que le bébé aveugle suscite chez ses parents un état de choc et de sidération particulièrement intense, parce que inconsciemment il est vécu non seulement comme celui qui ne voit pas, mais comme celui qui voit trop, qui voit ce que les autres ne perçoivent pas. Bref, on prête à l'enfant marqué par une anomalie des pouvoirs étranges, tantôt néfastes, tantôt bénéfiques. Mais, en tout état de cause, il est l'objet de projections violentes de la part des autres.

Cet enfant-là est marqué ; il est étrange. D'étrange il peut devenir étranger, voire persécuteur, car il dévoile notre propre étrangeté. Cet enfant qui ne correspond pas à ce qui est attendu de lui risque d'être un mauvais objet qu'il faut détruire. Tel Méduse, il incarne une altérité si radicale qu'on ne peut s'y confronter sans risquer d'en mourir. Il inflige à ses parents un tourment cruel et, en retour, il attire sur lui la cruauté des autres. C'est cela qui est en jeu dans notre réaction à l'égard de l'enfant handicapé. Et c'est à cela que l'enfant lui-même est confronté dans son existence au monde. Il m'arrive de penser, dans mes jours pessimistes, que la relation entre un enfant handicapé et ses parents peut être comparée à celle d'un condamné à mort en sursis et d'un bourreau en puissance.

En effet, il ne suffit pas de dire que les enfants handicapés suscitent des souhaits de mort ; il serait plus juste de parler d'envies de meurtre. D'ailleurs, l'idée de meurtre est ouvertement exprimée par des parents non concernés directement par ce problème lorsqu'ils s'imaginent à cette place-là : « Moi, si ça m'arrivait, je ferais tout pour que l'enfant ne vive pas ; je le tuerais. » Certains évoquent, avec le médecin-accoucheur, avant la naissance, la peur d'avoir un enfant handicapé et lui demandent de ne pas laisser vivre l'enfant s'il était anormal. On entend aussi de tels propos, exprimant de manière directe le désir de tuer l'enfant, venant de parents d'enfants handicapés, mais dans les tout premiers jours. C'est quelquefois pendant les instants qui suivent immédiatement l'annonce du diagnostic que les parents peuvent faire part spontanément au personnel de la maternité des réactions qui seront par la suite honteusement dissimulées et qui sont toujours en rapport avec le désir de mort à l'égard de l'enfant.

L'idée de mort à l'égard de l'enfant handicapé est si honteuse et intolérable qu'elle cherche toujours à se camoufler et n'apparaît que masquée. L'idée de meurtre « s'annonce alors sous toutes sortes de formes », comme l'écrit le marquis de Sade. La référence à Sade peut surprendre dans un livre qui traite des enfants handicapés. Elle se justifie cependant par la nécessité de mettre à nu tous les faux-semblants recouvrant la violence que porte en elle et que suscite l'anormalité d'un enfant. Si la référence à Sade me paraît ici nécessaire, c'est que son œuvre est une tentative unique et radicale de considérer le Mal comme une composante à part entière du monde et de l'être humain, qu'il convient de traquer et de décrire jusque dans ses moindres retranchements. Mon expérience avec les familles d'enfants handicapés me fait penser que dévoiler ainsi tous les masques que revêt l'inévitable violence et admettre la honte, la haine et l'existence des idées de meurtre est une entreprise salutaire. Les faux-semblants sont autant de sources de souffrance supplémentaires pour les parents et pour l'enfant lui-même. Ceux qui sont impliqués dans cette relation difficile ont essentiellement besoin que puisse être reconnue cette violence, en eux et autour d'eux. Comment traiter quelque chose qui reste tapi dans l'ombre ? On ne peut se battre que contre un ennemi qui s'est déclaré.

Penser n'est pas faire

À la fin d'un entretien très dense, où la mère d'un garçon déficient mental de huit ans me relate son long parcours d'espoirs déçus, je lui dis mon impression : « Vous n'en pouvez plus. » C'est alors qu'elle laisse échapper ces mots : « Oui, parfois je me dis : ou je le tue ou je me tue. » À ce moment de l'entretien, la phrase apparaît comme une expression naturelle de ce que cette mère a vécu pendant ces années éprouvantes. Comment pourrait-il en être autrement ? Comment l'idée de la mort n'apparaîtrait-elle pas par moments comme la seule issue possible à une situation où l'espoir est si ténu ? On peut dire que c'est une réaction normale. Mais alors pourquoi est-elle tellement inavouable ?

Si les idées de mort sont particulièrement difficiles à mettre au jour, c'est parce que le risque réel de mort lié au handicap les rapproche dangereusement de leur réalisation effective. La réalité du handicap introduit une confusion entre fantasme et réalité, qu'il s'agit de lever. Penser n'est pas faire, or, dans ce domaine justement, pensée et action risquent d'être dangereusement confondues. Dire qu'on aurait préféré que cet enfant ne vienne jamais au monde ne revient pas à le supprimer pour de vrai. Imaginer sa disparition ne provoque pas sa disparition réelle.

Un père disait, quelques jours après la naissance de son enfant trisomique : « Je suis allé à la maternité avec l'intention de le tuer. Si je ne l'ai pas fait, c'est uniquement parce que je n'ai pas pu entrer dans la pièce où dormait le bébé. » Quelles paroles dire à ce père ? Peut-être ceci : « Vous avez imaginé cet acte, mais vous ne l'avez pas réalisé. » Il y a une différence de taille, une différence de nature, entre ces deux choses. C'est l'absence de différenciation entre penser et faire qui a des effets ravageurs sur les parents et alimente leur culpabilité. Si, dans l'esprit des médecins ou des travailleurs sociaux, il y a la même confusion, on imagine combien les parents vont s'enliser dans des sentiments indémêlables et ne pourront jamais dépasser cette position.

Les parents, tiraillés entre des positions contradictoires, sont envahis par l'ambivalence massive de leurs sentiments. À ce père qui évoquait le meurtre de son enfant trisomique il aurait également pu être dit que vouloir tuer son enfant n'implique pas de ne pas l'aimer. Le rejet n'empêche pas l'attachement. Haine et amour coexistent ; il faut reconnaître l'ambivalence fondamentale qui préside aux relations humaines. Chaque enfant est investi d'amour et de haine, chaque bébé est source d'affection et ennemi potentiel. Chaque mère s'exclame parfois : « J'en ai assez, s'il continue je le jette par la fenêtre ! », sans que cela prête à conséquence, car les sentiments négatifs sont intriqués aux sentiments positifs et compensés par eux, et cette exclamation reste un fantasme. En revanche, pour un parent d'enfant handicapé, une telle parole ne peut être anodine, car elle exprime une pensée fortement ressentie et fortement refoulée. Les parents sont doublement coupables : d'une part, d'avoir engendré un bébé anormal, d'autre part, de souhaiter sa disparition.

La mère de Pauline s'effondre en pleurs lorsqu'elle évoque l'annonce de sa grossesse. Elle était jeune, pas encore mariée, sur le point de partir à l'étranger pour poursuivre ses études ; bref, cette grossesse non programmée arrivait trop tôt. En recevant la lettre du laboratoire lui confirmant la grossesse, elle se souvient d'avoir pleuré. Ces larmes qui, en d'autres circonstances, auraient été anodines, banales, vite oubliées, prennent rétrospectivement, après la naissance d'un enfant marqué par un grave handicap, une valeur dramatique.

Le souhait qu'ils exprimaient — que cet enfant ne vienne pas au monde — est réactivé par les idées de mort suscitées par le handicap. Elle se reproche ces pleurs avec une intensité exagérée. La pesanteur de la réalité est telle que toute expression fantasmatique devient dangereuse.

La lutte contre ces idées inacceptables de mort et de meurtre demande une dépense permanente d'énergie, au point que l'on voit des parents qui finissent par être épuisés non seulement par la charge que représente l'éducation de l'enfant handicapé, mais aussi par ce combat exténuant. Lorsqu'on leur donne l'occasion d'exprimer enfin ces pensées, dans un cadre où ils ne se sentent pas jugés, et où le poids de la culpabilité peut être allégée, on constate toujours un immense soulagement. On dit, selon l'expression courante, qu'il faut les « déculpabiliser ». Ce mot me semble inadéquat, car il serait naïf de croire qu'on peut supprimer la culpabilité, qui est une dimension constitutive de la condition humaine, et que le handicap vient inévitablement activer. Néanmoins, on peut favoriser l'expression de ces fantasmes. Mais on constate dans la clinique que c'est une tâche d'une difficulté inattendue et insoupçonnée.

La culpabilité massive liée à ces idées de meurtre est à l'origine de bien des attitudes parentales paradoxales qui sont autant de défenses visant à masquer ces désirs refoulés. On voit alors des situations familiales où l'enfant devient le tyran d'une famille, qui n'ose lui opposer le moindre interdit. Les attitudes qui consisteraient à le punir ou le frustrer réveillent les souhaits de mort et sont donc aussitôt refoulées et remplacées par une fausse tolérance. S'installe alors un engrenage. L'enfant, angoissé par ces souhaits de mort non dits, devient de plus en plus épuisant, car il pousse à bout des parents dont il perçoit intuitivement le rejet et dont il attend des attitudes plus structurantes. Les parents, de plus en plus épuisés, sont de moins en moins à même de remplir leur fonction parentale. Seule une intervention extérieure peut arrêter ce cercle vicieux en autorisant les parents à être parents, c'est-à-dire à poser des limites, en leur montrant que leur attitude, en entretenant la toute-puissance infantile de l'enfant, maintient celui-ci dans l'immaturité et bloque son évolution vers d'autres paliers.

Lorsque la haine devient compassion

L'une des façons de camoufler les envies de meurtre est de les remplacer par des attitudes opposées. Le souhait que l'enfant disparaisse se transforme alors en son contraire, à savoir la volonté de tout faire pour lui. D'où la surprotection et l'hyperactivité des parents. C'est une des raisons pour lesquelles il est parfois difficile d'orienter un enfant vers des institutions spécialisées. Pour les parents, le placement évoque inévitablement une idée d'abandon et de rejet, et en fin de compte de mort. Combien de fois ai-je vu des parents qui hésitaient à parler d'institution pour leur enfant, ou qui allaient même jusqu'à retarder des orientations, parce que, dans leur esprit, c'était l'équivalent d'un rejet, voire d'un meurtre. Ils sont pris alors dans une situation de tout ou rien : si je place mon enfant, je dévoile au grand jour que je veux m'en débarrasser ; donc je garde mon enfant, afin de prouver que je ne souhaite pas sa mort.

Il est très important, là encore, de les aider à différencier tous les registres qui sont en jeu : se séparer n'est pas mourir, mettre une distance n'est pas une rupture, trouver une école n'est pas se débarrasser. Entre le tout (on ne se séparera jamais) et le rien (qu'il disparaisse), on peut choisir des chemins qui permettent à chacun d'avoir un lieu et de suivre sa voie.

Sur le plan social, toutes les attitudes à l'égard du handicap sont dans leur ensemble et massivement ce que les psychanalystes appellent des contre-investissements. Le contre-investissement est un processus postulé par Freud qui consiste à empêcher activement que des représentations ou des désirs inacceptables ne surgissent dans la conscience. À la place des pensées interdites viennent d'autres représentations, les formations réactionnelles, qui ont pour fonction de les masquer. Ainsi, à l'égard des individus « anormaux », le rejet est refoulé et transformé en son contraire. Lorsqu'il s'agit d'un bébé anormal, cette tendance est encore accentuée, parce que le rejet est considéré comme spécialement intolérable à l'égard d'un être doublement démuni, puisqu'il est enfant et handicapé. Ainsi, la compassion camoufle l'attitude spontanée et première qui est la peur et le souhait de mort. La compassion est un sentiment qui introduit un fossé infranchissable entre celui qui l'énonce et celui qui en est l'objet. Celui-ci est, irrémédiablement et définitivement, *autre*. Si je compatis, je le plains de ce qui lui arrive et qui ne m'arrive pas. Car la compassion est l'envers de la haine.

Je ressens parfois un malaise lorsque des gens « non avertis » apprennent que je travaille avec des enfants handicapés ou que je leur parle des enfants dont je m'occupe. « Les pauvres ! Il n'y a donc pas d'espoir ? » Ou alors : « Quel courage ! Moi, je ne pourrais pas ! » Réactions qui expriment le rejet à l'égard de ces enfants que l'on considère sans espoir et sans devenir. Enfants qui ne devraient pas exister, enfants qui scandalisent, car ils bouleversent trop. Si moi, en tant que professionnelle, je peux réagir lorsque j'entends ces propos, les parents, eux, impliqués dans leur chair et dans leur sang, responsables de cette anormalité que la compassion désigne impitoyablement du doigt, sont le plus souvent réduits à un silence honteux.

Une expérience indicible

La révélation d'un handicap chez l'enfant, c'est l'effroi d'une expérience qui dépasse l'entendement. Être confrontés à cette expérience, avoir traversé cette épreuve, ne pouvoir s'en détourner ni s'y soustraire, met les parents à une place particulière : ils sont détenteurs d'un savoir, porteurs d'une connaissance intransmissible, qui les rend étrangers aux autres. Dès lors, comment en parler ? Et à qui ?

Bien souvent l'épreuve les rend silencieux, voire mutiques. Est-ce parce que ces fantasmes sont de l'ordre de l'inexprimable ? Ou est-ce que les parents renoncent, faute de rencontrer une écoute possible ? On pourrait faire une analogie entre leur situation et celle des déportés qui, au retour des camps, ont eu tant de difficulté à parler de ce qu'ils avaient vécu. Dans un livre récent, Jorge Semprun [1] revient, cinquante ans après, sur la difficulté de rendre compte d'une expérience indicible. Il raconte en particulier la réaction qu'il rencontre à son retour : « Pour mon malheur, ou du moins ma malchance, je ne trouvais que deux sortes d'attitudes chez les gens du dehors. Les uns évitaient de vous questionner, vous traitaient comme si vous reveniez d'un banal voyage à l'étranger. Vous voilà donc de retour ! Mais c'est qu'ils craignaient les réponses, avaient horreur de l'inconfort moral qu'elles auraient pu leur apporter. Les autres posaient des tas de questions superficielles, stupi-

1. SEMPRUN J., *L'Écriture ou la Vie*, Paris, Gallimard, 1994.

des — dans le genre : c'était dur, hein ? —, mais si on leur répondait, même succinctement, au plus vrai, au plus profond, opaque, indicible, de l'expérience vécue, ils devenaient muets, s'inquiétaient, agitaient les mains, invoquaient n'importe quelle divinité tutélaire pour en rester là. Et ils tombaient dans le silence, comme on tombe dans le vide, un trou noir, un rêve. »

L'expérience n'est pas partageable. L'incompréhension des autres, même bien intentionnés, mais tellement éloignés de l'intensité catastrophique de leur épreuve, a verrouillé l'envie de communiquer. Ce blocage s'installe de manière immédiate et brutale, dès les premiers mots, dès les premiers silences ou les premiers regards, traduisant l'incompréhension ou l'éloignement devant tant d'horreurs. Le silence s'installe parfois à l'insu du sujet, qui le vit alors comme une incapacité à s'exprimer, dont il devrait à la limite se sentir coupable. Il serait indécent de plonger les autres dans cet univers effrayant. Tout comme il est indécent de montrer aux autres les sentiments d'effroi et de haine que cet enfant anormal suscite.

Solitude, militantisme ou partage social

Les parents se replient dans une solitude silencieuse, avec le sentiment de vivre une expérience qui les sépare définitivement des autres et qui ne peut ni se comprendre ni se partager. Cela explique aussi pourquoi les parents trouvent un tel réconfort dans les associations, auprès de personnes qui ont vécu la même épreuve qu'eux. L'idée que seuls ceux qui ont connu une expérience identique peuvent comprendre leur souffrance et partager leurs soucis les conduit parfois à se replier dans cette vie associative et s'investir de manière excessive dans le militantisme. Si leur douleur ne peut trouver une forme d'apaisement que dans un acharnement militant, c'est tout de même parce qu'elle n'a pas rencontré d'autres lieux ou d'autres personnes prêts à la recevoir. C'est faute d'un partage social. C'est que la société — les autres, les « normaux », nous — les renvoie à leur douleur individuelle.

En effet, malgré l'évolution des dernières années, le handicap reste le domaine exclusif des personnes directement concernées. Ceux que, dans l'édition, on appelle « un public captif ». Il s'agit des familles, des professionnels et des handicapés eux-mêmes, lorsque ceux-ci ont accès à la parole. Quant aux autres, leur regard se détourne. Curieusement, les émissions « Téléthon » concernent les maladies qui peuvent arriver à tout le monde, mais beaucoup moins volontiers ce qui est arrivé une fois pour toutes, à la naissance. N'est-ce pas encore la manifestation de la peur ? « Ça n'arrive qu'aux autres. »

Contrairement à d'autres traumatismes — guerres, tremblements de terre —, l'une des particularités du handicap est de rester un événement individuel, qui ne s'inscrit pas dans un mouvement de la nature ou de la société, qui ne concerne pas la collectivité. Il ne s'inscrit pas dans l'histoire, mais dans la filiation. À ce titre, il concerne essentiellement ceux qui sont liés à cet enfant par les liens du sang. C'est une des spécificités du handicap qui en rend les répercusssions particulièrement dramatiques. La culpabilité est inévitable, certes, mais elle est exacerbée par cette tendance à poser le problème en termes purement individuels.

Or je pense — et il faut le soutenir — que le handicap est *toujours* un fait de culture, c'est-à-dire qu'il prend sens par rapport à un certain nombre de paramètres culturels et religieux d'une société donnée et d'une période historique précise. Dans nos sociétés centrées sur l'individu, où le cercle familial se réduit aux membres proches et où les événements familiaux sont vécus sans liens avec les rites et les valeurs sociales, on a tendance à négliger cette dimension culturelle. Moins entrent en jeu des représentations sociales et mythiques qui donnent une signification collective à la survenue d'un handicap, plus il sera fait appel à la responsabilité individuelle. La culpabilité est exacerbée, car moins collectivement assumée, et plus centrée sur la part individuelle. On oublie que l'enfant n'appartient pas seulement à ses parents, mais aussi à la lignée familiale élargie, et à la société tout entière. On oublie que la responsabilité des démunis, qui n'ont pas les moyens de subvenir à leurs propres besoins, ni d'accéder à une vie autonome, incombe à tous les citoyens. Et on oublie que l'anomalie de l'enfant, avec les réactions qu'elle suscite, s'inscrit dans un cadre culturel fait de représentations, de croyances, de stratégies sociales et de mythes.

Il s'ensuit que les parents sont dramatiquement seuls à porter le poids du handicap de leur enfant. Seuls face à l'étrangeté de cet enfant et aux idées de mort et de meurtre qu'il évoque.

11

« Vous avez le choix »
Questions d'éthique

Dis-moi : de qui est la parole qui est prononcée ; appartient-elle à celui qui la prononce, ou à celui qui l'entend ?

Maître ECKHART

« Vous avez le choix. » Bien souvent, des parents m'ont rapporté avoir entendu cette phrase prononcée par l'équipe de la maternité au moment de l'annonce du handicap. Dans l'esprit des médecins et des travailleurs sociaux, cela veut dire qu'il y a des possiblités de placement ou d'abandon de l'enfant et qu'il existe des centres qui peuvent l'accueillir. Mais imagine-t-on l'état de perplexité dans lequel ces paroles plongent des parents qui viennent de mettre au monde un bébé atteint d'une anomalie, certes, mais qui est leur bébé, celui qu'ils ont attendu neuf mois, qu'ils ont désiré pendant des années peut-être, et qu'ils ont rêvé ou imaginé depuis leur enfance ? Et réalise-t-on à quel point cette phrase est une dénégation de leur douleur particulière ?

« Faites-en un autre ! »

Il est bien entendu nécessaire et souhaitable d'évoquer avec les parents pendant le séjour à la maternité, ou plus tard, lors de l'annonce du handicap, ces questions : les informations concernant le handicap de l'enfant, les possibilités de soin et d'éducation, ainsi que celles de placement définitif ou temporaire et l'abandon. Ils ont le droit de connaître tout ce que la société prévoit et propose dans ces cas pour pouvoir y recourir à un moment donné de la vie de l'enfant. Mais il convient de donner ces informations avec la plus grande prudence, sans précipitation, ni culpabilisation.

Sans précipitation. En effet, des décisions trop rapides empêchent les parents de ressentir et d'exprimer ce que représente pour eux cet événement qui, de toute façon, et quelles que soient les solutions adoptées par la suite, s'inscrira douloureusement dans leur vie psychique. L'approche thérapeutique des parents doit viser, plutôt qu'à des actions intempestives dont le but est en fait de soulager les soignants de leur angoisse, à permettre aux parents d'exprimer toutes les idées et toutes les émotions que suscite en eux le handicap de l'enfant, sans en tirer forcément dans l'immédiat des conséquences concrètes et sans jamais porter de jugement de valeur. Si les actions socio-éducatives s'enchaînent trop vite, une réponse est donnée avant même que la question ait pu être posée. Dès lors, la question sera évacuée, privant les parents de la possiblité d'élaborer et de digérer l'événement traumatique. Accepter de laisser venir les questions, c'est reconnaître l'importance fondamentale du temps, qui est, comme nous l'avons vu, nécessaire à la métabolisation psychique de cet événement traumatisant.

Il est surtout important de savoir qu'à ce moment-là les parents sont en état de choc affectif, que leurs réactions émotionnelles sont violentes, mais contradictoires et changeantes. Au contact de l'enfant, la relation évoluera. Dans ce premier temps, les parents peuvent être influencés soit par une réaction première, mais pas forcément définitive, soit par des idées a priori sur le handicap. L'enfant lui-même, avec son affectivité et sa personnalité, va modifier les attitudes parentales. C'est pourquoi il ne faut jamais prendre de décision engageant l'avenir dans l'urgence, car il faut laisser s'instaurer une relation entre l'enfant et les parents.

Sans culpabilisation. Soulager le poids de la culpabilité ne consiste pas seulement à proposer des solutions, mais à accepter et à écouter toutes les réactions des parents. Cet accompagnement est moins facile qu'il n'y paraît. Agir soulage l'angoisse des soignants. Écouter, sans proposer une action concrète, est beaucoup plus difficile. Entendre la détresse, la haine, les idées de mort, ou tout simplement rester auprès d'une mère sans voix et sans parole, demande une certaine préparation. Mais surtout une telle attitude d'écoute implique la conviction que ces moments, qui peuvent paraître inutiles, sont extrêmement positifs quant au devenir des parents et des enfants.

« Vous avez le choix. » Ces paroles traduisent le souci d'effacer ou de nier l'impact catastrophique de cet événement. « Vous devriez en faire un autre rapidement », entend-on encore. Comme si le deuxième enfant pouvait annuler le premier. Cette phrase, dite pour consoler peut-être, est ressentie comme une manière de supprimer ce bébé qui vient de naître : celui-ci est à mettre au rebut, il ne compte pas. C'est une phrase qui ne tient aucune compte des liens, profonds et complexes, qui existent entre un parent et l'enfant qu'il a conçu.

Les paroles souvent maladroites des médecins sont le signe de leur impuissance face au handicap. C'est un domaine, en effet, où la médecine dispose d'un arsenal thérapeutique très réduit. Or, avec les progrès spectaculaires des autres spécialités médicales, ces limites sont ressenties de plus en plus cruellement. Les « ratés » paraissent insupportables, voire scandaleux. En fin de compte, c'est le sentiment de culpabilité des médecins qui est ici en jeu : puisqu'ils n'ont pas su empêcher que cela arrive, ils se sentent obligés de proposer une solution dans un domaine où il n'y en a pas. La solution proposée est alors tout simplement de tenter d'annuler cet être qui n'est pas conforme à l'idéal et qui met en échec aussi bien les parents dans leur capacité à procréer, que les médecins dans leur toute-puissance professionnelle.

Les nouvelles techniques médicales...

La question douloureuse du choix se pose aussi, de plus en plus, à propos des nouvelles techniques médicales : échographie, amniocenthèse, les nouvelles techniques de diagnostic prénatal (DPN), et depuis peu de diagnostic préimplantatoire (DPI), permettant de détecter une anomalie in utero et de décider l'avortement thérapeutique, monitoring de l'enfant « rescapé » de mort subite, conseil génétique. Si ces progrès inspirent des espérances quant à l'amélioration de la prévention, ils engendrent des questions éthiques complexes et produisent des situations cliniques inédites.

Leur première conséquence est que la question du handicap se pose à l'heure actuelle avant la naissance, c'est-à-dire avant même la mise au monde de l'enfant. Pendant toute la période de la grossesse, les divers examens font passer les parents par des moments d'inquiétude angoissée ou de réassurance. Mais, en tout cas, ces examens ont pour effet d'actualiser et d'objectiver en permanence la question de la normalité de l'enfant à naître.

Ainsi, l'amniocenthèse, pratiquée de manière systématique lors d'une grossesse suivant la naissance d'un enfant porteur d'une trisomie 21, suscite chez les parents, au-delà de leur approbation manifeste, des idées douloureuses. Cet examen met en jeu les souhaits de mort à l'égard de l'enfant : si je décide d'avorter un enfant qui serait porteur d'une trisomie 21, c'est donc que j'aurais voulu tuer mon enfant qui est trisomique. De même, le père d'un petit garçon né avec une malformation explique qu'il n'a pas voulu intenter un procès contre le médecin qui aurait dû la détecter à l'échographie, car ce serait un « désaveu ». Désaveu de l'enfant vivant, c'est-à-dire aveu des souhaits de mort à son égard.

Ces techniques sophistiquées provoquent des situations complexes dont on contrôle mal les répercussions émotionnelles. Une mère en témoigne : elle raconte, bien plus tard, « la suite d'horreurs » de la période néonatale qui ont laissé tant de traces... Elise, née en état de mort apparente, a été enlevée immédiatement à la mère pour être hospitalisée en réanimation dans un autre hôpital. Elle présentait une importante malformation dont l'origine et les conséquences étaient dans un premier temps inconnues. La mère est passée alors par des épisodes très contradictoires, envahie par des sentiments complexes, en fonction de ce qu'elle voyait de sa petite fille et de ce qu'on lui en disait. Et que ne lui a-t-on dit !

Les médecins, « des scientifiques pourtant », s'exclame-t-elle avec révolte, ont affirmé qu'Elise était porteuse d'une maladie génétique, qui entraîne une déficience mentale dans 30 % des cas. Il a fallu attendre trois semaines le résultat d'une analyse qui a montré qu'il n'en était rien. Trois semaines... 30 % de chances... Comment vivre avec une telle « monstruosité » ? Elle l'a très mal vécu ; si mal que certains jours elle ne pouvait plus supporter d'aller à l'hôpital voir son bébé. Elle se culpabilise maintenant de l'avoir ainsi « abandonnée ». Elle a réellement envisagé l'abandon pendant quelques jours lors de cette période. Les médecins avaient des attitudes très contradictoires et incohérentes. Ces changements d'attitude ont suscité une angoisse encore plus grande par rapport au rejet que provoquait en elle ce bébé difforme. Les journées où elle a envisagé d'abandonner son bébé pèsent très lourd. Elle n'a pas fini de s'en remettre. Une culpabilité massive est ici en jeu. Son ton est vif et amer. Sa révolte contre les médecins qui se sont tellement trompés, qui ont envisagé des hypothèses contradictoires, qui ont eu tant de paroles non fondées est compréhensible.

Impossible pour un parent de vivre avec un tel doute pesant sur le devenir de son enfant, comme ce « 30 % » qui l'a hantée pendant trois semaines. Que peut bien vouloir dire 30 % pour un parent lorsqu'il s'agit de l'existence de son enfant en tant qu'être pensant et parlant ? C'est un langage dénué de sens ; un langage insensé. La mère s'est retrouvée au terme de ce parcours médical avec rien. « Ils n'ont rien trouvé. » Mais on peut se demander quelles seront les répercussions à long terme de ces événements et de ces paroles sur le devenir de l'enfant.

Les méthodes récentes de diagnostic prénatal permettent de détecter les anomalies du fœtus in utero, et éventuellement de procéder à l'interruption médicale de grossesse, s'il apparaît que le fœtus est atteint d'un handicap. La plupart des parents surmontent très bien cette épreuve. Le plus souvent, le soulagement prévaut sur les autres sentiments, et le projet d'une nouvelle grossesse est par la suite accueilli avec joie.

Néanmoins, il y a un travail d'élaboration à faire pour ces parents dans les mois ou les années qui suivent cet événement. Se pose alors un autre problème : comment faire le deuil d'un être qui n'a jamais vu le jour et dont la forme est restée incertaine ? Certaines équipes proposent aux parents de regarder avec eux les images échographiques du fœtus afin de leur permettre de donner forme à ce dont ils ont à faire le deuil. Épreuve douloureuse, mais nécessaire, car il vaut mieux faire couler des larmes, qui resteraient sinon enkystées, prêtes à resurgir à l'occasion d'une autre épreuve de la vie qui viendrait réveiller celle-ci en écho.

Dans le cas d'un avortement thérapeutique, le travail du deuil vient se compliquer du fait que la décision d'interrompre la croissance d'un fœtus malformé comporte inévitablement une part de violence. C'est un acte qui réveille des idées de culpabilité liées à des souhaits de mort que les parents ont pu éprouver autrefois, à l'égard d'un frère ou d'une sœur. La décision peut aussi réactiver d'anciennes angoisses liées à des IVG pratiquées à l'adolescence. Ces idées plus ou moins conscientes risquent d'influencer, souvent à leur insu, le choix des parents dans un sens ou dans un autre. Il convient de les éclairer au mieux sur leurs motivations manifestes et latentes. Que penser par exemple de parents qui décident délibérément de garder un bébé handicapé ? Au-delà de leurs idées religieuses ou morales, qu'on ne peut que respecter, on doit se demander cependant s'ils ne sont pas fixés dans une position masochiste et doivent, pour une raison obscure, s'infliger cette épreuve. Mais, inversément, il semble y avoir une certaine pression sur les parents en faveur de l'avortement thérapeutique, au point que ceux qui décident de garder un enfant porteur de handicap en deviennent suspects.

Lorsqu'une anomalie est détectée pendant la grossesse et qu'il y a décision d'avortement thérapeutique, les parents sont de toute façon confrontés au fait d'avoir conçu un enfant malformé. Même s'ils ont pu interrompre cette grossesse, il n'en reste pas moins que pendant un moment, même très court, ils ont été virtuellement géniteurs d'un enfant anormal. Cette situation fait inévitablement surgir des fantasmes de procréation monstrueuse avec les sentiments de faute et de punition qui y sont liés.

... et leurs effets pervers

Le diagnostic prénatal, comme tout progrès, induit des effets inattendus, parfois pervers. La première question est de savoir en quoi un avortement décidé suite à un diagnostic prénatal diffère de la pratique de l'IVG qui, elle, n'apparaît pas de nature fondamentalement différente des techniques de contraception. Une fois de plus, les mots sont révélateurs : après un diagnostic prénatal, on parle d'avortement thérapeutique ou d'interruption médicale de grossesse, plutôt que l'expression courante d'interruption volontaire de grossesse. Est-ce une façon de médicaliser et donc de désaffectiver le choix ?

Si, dans les deux cas, il s'agit d'un choix, la nature de ce choix n'est effectivement pas la même. Dans un cas, la décision concerne le choix d'avoir ou non un enfant. Dans l'autre, il s'agit de choisir *quel* enfant. Au nom de quoi, en fonction de quels critères décide-t-on que telle forme de vie ne vaut pas la peine d'être vécue ? C'est le choix de ces critères, avec l'idée de sélection biologique et raciale qu'elle évoque, qui fait redouter que ces progrès n'entraînent à vouloir supprimer tous les êtres non conformes. Non conformes à quelle norme ? Et qui aura la charge de définir cette norme ?

La norme est toujours culturellement déterminée et variable d'une civilisation à une autre. Dans la Grèce antique, ainsi que dans certaines cultures africaines, les jumeaux étaient considérés maléfiques, car une naissance double évoquait une double fécondation, donc une conception fautive. Les bâtards provoquaient le même sentiment, car leur conception adultérine devait être sanctionnée. On sait que dans certains pays, où les traditions culturelles amènent à préférer la naissance des garçons, l'amniocentèse est pratiquée et utilisée afin d'avorter les fœtus féminins. On sait aussi que l'infanticide des filles a été pratiquée de tous temps dans de nombreuses régions du globe et se pratique encore actuellement, en Chine en particulier. La difformité ou la maladie du fœtus n'est donc qu'un des éléments qui entrent en ligne de compte dans ces choix. D'autres critères, qui nous paraissent moralement beaucoup plus discutables, voire carrément inacceptables, sont parfois en jeu.

L'antique pratique de l'exposition ne persiste-t-elle pas, à travers les nouvelles techniques médicales, sous une forme moderne, dépouillée de ses relents de fascisme et habillée des vêtements respectables de la caution médicale ? Au lieu d'exposer les enfants, on peut intervenir plus tôt. Est-ce fondamentalement différent ? Paradoxalement, la prévention du handicap a pour but la suppression des individus handicapés, au nom des droits de l'homme. Il ne s'agit pas de porter un jugement ou de remettre en cause ces techniques médicales qui permettent d'éviter beaucoup de souffrances et de soulager les familles.

On ne peut cependant pas se dérober à ce choix : ni la famille, ni le corps médical, ni tout un chacun en tant que citoyen ou sujet moral. D'ailleurs dans ce domaine aussi, il convient de faire confiance au temps, plutôt que de lancer des anathèmes alarmistes et de dramatiser la situation en se fondant sur des idées a priori. L'utilisation de ces techniques s'affine avec l'expérience. Au fil des années, les positions se nuancent. Reste la nécessité de ne pas banaliser la question et de ne pas aplatir toutes les ramifications qu'elle implique, mais au contraire de les mener le plus loin possible, même si elles se révèlent redoutables. Il ne s'agit pas de juger, mais de repérer les enjeux et de ne surtout pas méconnaître les effets du choix.

Le psychanalyste est bien placé pour savoir à quel point ce choix, quel qu'il soit, aura des répercussions. L'expérience analytique met en lumière la résurgence de l'impact émotionnel d'événements très anciens et la façon dont ils peuvent déterminer une vie, parfois à l'insu du sujet. Toute parole et toute décision ont des effets multiples, complexes et à long terme. Il vaut mieux essayer de les repérer plutôt que de les enfermer dans un placard, d'où, tels des fantômes, ils continueront à exercer une influence d'autant plus néfaste qu'elle sera occulte.

La plus grande prudence est nécessaire au sujet de ces questions éthiques, où les croyances et les opinions s'imposent trop vite comme des vérités. Le risque majeur est de projeter ses propres positions morales, qui ne sont pas forcément celles de la famille, et qui, de la part d'un professionnel, se vêtent abusivement du prestige de la compétence, c'est-à-dire dans l'esprit du grand public, de la vérité.

Il arrive par exemple, depuis quelque temps, que des médecins conseillent aux parents de prendre contact avec des professionnels de l'enfance handicapée, lorsqu'il s'agit de prendre une décision d'avortement thérapeutique. Une jeune femme enceinte d'un bébé dont on a pu diagnostiquer qu'il est porteur d'une trisomie 21 prend rendez-vous dans un établissement spécialisé, afin de rencontrer des personnes dont le métier est de s'occuper d'enfants mongoliens, et éventuellement voir les enfants eux-mêmes et leurs parents... Que dire à cette mère ? Les conséquences des paroles prononcées paraissent tellement lourdes et déterminantes qu'il faut une certaine dose d'innocence pour ne pas être tenté de ne rien dire. Dans un premier temps, toute parole semble de trop. La seule réponse honnête à cette question serait : « Je ne sais pas ». Car même si je sais pour moi, comment savoir pour vous ? Et d'ailleurs est-ce que je peux le savoir pour moi ? On voit tout de suite à quel point une vigilance rigoureuse s'impose.

Cette vigilance consiste surtout dans la capacité d'être au clair soi-même, autant que faire se peut, avec ses attitudes profondes et émotionnelles à l'égard du handicap. C'est là qu'est la véritable compétence professionnelle. Non pas une compétence technique ou théorique relative au handicap, mais une connaissance de toutes ses implications sur le plan psychologique, aussi bien chez l'enfant que chez ses parents et les soignants.

Dans les institutions, les équipes sont souvent prisonnières de leurs positions éthiques plus ou moins claires, et de leur propre difficulté à admettre des sentiments négatifs face au handicap. Avec ces familles complexes et qui suscitent des réactions tout aussi complexes, les professionnels ont des conduites thérapeutiques dont les motivations ne sont pas toujours faciles à mettre au jour. En effet, les adultes sont sollicités par des identifications multiples et enchevêtrées : tantôt à l'enfant abîmé, tantôt aux parents traumatisés ; tantôt à celui qui est blessé, tantôt à celui qui inflige la blessure. On passe assez facilement, et sans toujours s'en apercevoir, du bébé démuni, victime de la violence de mauvais parents, à l'image de l'enfant persécuteur, qui met à mal des parents dont la souffrance est au premier plan.

Dans les maternités et les services de néonatalogie, le personnel est le plus souvent identifié aux parents. Par conséquent, ils disent des paroles qui expriment l'illusion de pouvoir annuler magiquement cette naissance malheureuse, dans l'espoir d'épargner aux parents l'épreuve qui s'impose à eux. Dans les institutions qui accueillent les enfants, en revanche, les soignants sont généralement identifiés à l'enfant. C'est pourquoi ils ne peuvent supporter qu'on le rejette, car il pourrait en souffrir, alors qu'eux, dans leur idéal thérapeutique, cherchent à favoriser son bien-être et son épanouissement.

Il est important — mais difficile — de se rendre compte de ces mouvements psychiques et de mesurer à quel point ils déterminent à notre insu nos réactions et nos décisions. L'éclaircissement de nos projections permet de se mouvoir avec plus de souplesse dans ces identifications et éventuellement de passer de l'une à l'autre afin de ménager une place — en soi et hors de soi — à l'adulte *et* à l'enfant. Mais c'est une tâche difficile et de longue haleine.

Dès lors, face à cette mère, la réponse ne sera évidemment pas univoque. Il ne s'agit surtout pas de répondre à la question de savoir si, oui ou non, elle doit garder son enfant, ni même de lui proposer des éléments qui iraient dans un sens ou dans l'autre. Il est difficile aussi de lui fournir un tableau de ce qu'est un enfant trisomique et de ce qu'implique son éducation. La diversité de l'évolution des enfants et des réactions parentales interdit tout pronostic précis. C'est pourtant cela que les parents attendent d'une telle visite. On ne peut que répéter des évidences qui seront ressenties comme autant de déceptions : à savoir que tous les enfants, même trisomiques, sont différents les uns des autres et que la manière d'appréhender l'épreuve que représente l'éducation d'un enfant handicapé varie complètement d'une famille à l'autre. Il s'agit d'aider à élargir la question et de dégager quelques axes qui permettront à cette mère, en fonction de ses choix de vie, de prendre une décision.

Des points de vue inconciliables

Le problème que soulèvent ces questions éthiques est le conflit entre des points de vue qui s'opposent : celui des pouvoirs publics, du législateur, des familles, des personnes handicapées elles-mêmes. Le point de vue collectif, qui raisonne sur des généralités, se différencie du point de vue des parents, qui, quelle que soit leur décision, ne peuvent échapper à l'impact émotionnel de cet événement personnel. En outre, les familles ne peuvent que souhaiter éviter de mettre au monde un enfant anormal et de porter le poids de son éducation. Mais que penser d'une société qui cherche à éliminer tout citoyen qui dévie de la norme ? Ces points de vue s'opposent encore à celui du sujet atteint de cette anormalité, qui ne peut que demander à être reconnu et accepté tel qu'il est. Il y a une douloureuse incompatibilité entre ces points de vue. Est-ce que les pouvoirs publics peuvent mener de front la prévention des handicaps et la mise en place de lieux d'accueil des personnes handicapées ? Les intérêts qui sont en jeu ne sont pas identiques. Comment peut-on en même temps reconnaître, accepter et défendre les intérêts d'un être, tout en décidant par ailleurs que des êtres comme lui ne devraient pas exister ?

Toute cette problématique est traversée par un paradoxe : elle se fonde sur l'éthique des droits de l'homme, mais le handicap interroge justement la notion d'humanité. De quel homme s'agit-il ? Et de quels droits ? On prend ces notions comme allant de soi, mais l'anomalie grave d'un enfant remet en cause cette évidence. Paradoxalement, les droits de l'homme visent au respect de l'Autre, mais ils aboutissent à la destruction de cet Autre, s'il est vraiment trop Autre... et qu'il dérange les autres. Jusqu'où accepte-t-on l'altérité ? La bioéthique vise la suppression de toutes les formes de souffrance et du mal. Or le handicap incarne la souffrance et le mal. Comment concilier les deux ? Faut-il extirper le mal en supprimant le sujet handicapé ? Ou accepter comme humain, et donc respecter et protéger, ce qui semble justement remettre en cause cet humain et accepter l'enfant infirme ou déficient, avec toutes les conséquences que cela suppose, c'est-à-dire mettre en place des conditions correctes d'accueil et de soin.

Les ratés de la prévention

Quel effet vont avoir les progrès de la prévention des handicaps et leur large médiatisation sur les familles qui ont mis au monde un enfant handicapé, malgré ces progrès ? Ne vont-elles pas entraîner de nouvelles formes de souffrance ? Lorsqu'il y a accident, anomalie, maladie, cela devient encore plus insupportable pour des parents vivant dans une ambiance culturelle qui incite à penser que cela ne « devrait pas arriver ». Lorsque cela arrive quand même, ils se sentent mis en cause. L'enfant est vécu comme une erreur de la médecine, un raté de la prévention. Paradoxalement donc, ces progrès accentuent leur responsabilité et leur sentiment de culpabilité.

Ces techniques font croire à une maîtrise totale des processus de procréation, de la grossesse et de la naissance, de sorte qu'il n'y aurait plus d'enfants handicapés. Une maîtrise parfaite pour un enfant parfait. Les progrès de la médecine occultent de plus en plus le fait que la transmission est pour une large part inconsciente. Que transmet-on ? Et qu'est-ce qui nous est transmis ? Dans le processus de la filiation, il y a toujours une part de mystère, qui ne manque pas d'être inquiétante. La science aimerait réduire cette inconnue : ce que les parents transmettent à l'enfant, et ce que l'enfant reçoit en transmission de ses parents. Les progrès scientifiques font miroiter une illusoire transparence, mais la naissance d'un enfant handicapé ramène brutalement à cette réalité angoissante, à savoir que la transmission est imprévisible.

L'histoire d'Élisabeth et de sa famille illustre les effets dramatiques qu'ont parfois sur les enfants et les parents ces situations de choix impossible. Élisabeth est née il y a huit ans atteinte d'une grave malformation digestive et les parents ont dû prendre la décision d'une intervention chirurgicale sans laquelle Élisabeth n'aurait pu survivre longtemps. Eux aussi ont entendu cette phrase redoutable : *« Vous avez le choix. »* À la naissance, l'équipe médicale a proposé l'abandon de l'enfant, ce que la mère a refusé, alors que le père était hésitant. Puis, de nouveau, la contrainte de faire un choix : il a fallu décider d'opérer ou non la malformation. Ils ont donc *choisi* de faire vivre Élisabeth, comme s'ils la mettaient au monde une deuxième fois, en toute connaissance de cause. À écouter les parents d'Élisabeth aujourd'hui, on se sent plongé dans un univers entièrement infiltré par l'idée de la mort. Par la suite, la situation de cette famille n'a cessé de se dégrader sur le plan affectif. Le désaccord s'accentue entre les parents et, à chaque difficulté, la mère entend ou imagine entendre ces redoutables paroles : « Vous l'avez voulue... » De plus en plus, les parents d'Élisabeth se voient entourés de personnes hostiles. Ils se méfient des centres où ils ont consulté ; ils pensent qu'elle est mal accueillie à l'école ; l'entourage familial et les amis les évitent. Le piège de la solitude se referme sur eux. C'est l'engrenage de l'exclusion où la suspicion des parents et le rejet de l'environnement s'alimentent mutuellement. Élisabeth est de plus en plus perturbée. Là aussi un cercle vicieux s'installe : ses troubles du comportement sont effectivement insupportables et provoquent le rejet. Mais plus elle se sent rejetée, et plus elle se rend insupportable. La vie familiale devient infernale, entièrement subordonnée aux caprices d'Élisabeth, à qui les parents n'osent mettre aucune limite, car ils sont envahis par une culpabilité telle que tout acte éducatif banal devient pour eux l'équivalent d'un geste meurtrier.

Cette situation familiale complètement bloquée par l'impact maléfique et omniprésent de l'idée de la mort a pu néanmoins connaître un certain soulagement, par l'effet de la parole qui a défait les nœuds enserrant chaque membre de la famille dans un silence mortifère. À Élisabeth, j'ai parlé de sa naissance, alors que sa seule activité consistait à tout jeter avec une sauvagerie inouïe, au risque de mettre à sac mon bureau. Je lui ai raconté qu'elle avait failli mourir et qu'elle s'était sentie rejetée, tout comme elle jetait avec frénésie tout ce qui lui tombait sous les mains. Élisabeth s'attaquait surtout aux poupées : je lui ai dit alors qu'il est difficile de vivre lorsqu'on pense que les autres souhaitent votre mort. Son comportement destructeur était à l'image de son monde interne. Colère, rage, désespoir : elle a extériorisé avec une extrême violence ce qu'elle ressentait, et qui était le reflet de ce qu'elle a perçu chez les autres depuis sa naissance. À la séance suivante, d'un geste très émouvant, elle s'est tapé sur le ventre, puis sur le mien. À l'emplacement de la matrice, mais aussi de sa malformation digestive... Veut-elle m'interroger sur son opération ? Me demander si moi aussi, j'ai subi cela, cette menace vitale ? Elle me montre la cicatrice qui lui taillade tout le ventre, et pleure doucement. Doucement pour la première fois, car d'habitude ses pleurs sont des cris mélangés à des rires discordants.

À la mère, que j'encourage à parler de sa fatigue et de son impression de rencontrer partout et toujours le même rejet à l'égard d'Élisabeth, je dis : « Cela doit être d'autant plus dur à supporter que ces idées de rejet et de mort ont dû vous traverser l'esprit à vous aussi ? » À partir de là, elle peut — enfin — parler de ses sentiments ambivalents. Et s'ils n'avaient pas pris la décision de l'opération ? Et si elle avait suivi les conseils des médecins ? Elle peut enfin relâcher la lutte contre ses sentiments négatifs, lutte qui lui prenait toute son énergie et qui l'amenait à vouloir tout assumer seule sans pouvoir ni demander ni accepter l'aide de quiconque.

Quelques semaines plus tard, la mère me dit qu'Élisabeth est transformée. Elle commence à dire des mots et se frappe la poitrine en se nommant par son prénom. Elle joue à des jeux symboliques avec les poupées qu'elle berce et qu'elle nourrit. Les parents parviennent enfin à la confier à des équipes de soin et à la laisser partir avec ses éducateurs et un groupe d'enfants pour de petits séjours en institution. Ils ont l'impression de sortir d'un tunnel et de pouvoir à nouveau s'intéresser au monde extérieur. « Pendant huit ans, nous avons vécu complètement repliés sur le handicap d'Élisabeth, il n'y avait rien d'autre. Maintenant, c'est comme si on avait ouvert une fenêtre de la maison et que l'air recommence à circuler. On respire mieux. »

On voit, à travers ce cas, comment les progrès médicaux contribuent à accentuer la culpabilité des parents ; comme si l'idée superstitieuse ancestrale de la faute venait s'incarner dans cet habit tout neuf de la toute-puissance médicale. Cette idée très ancienne — « Mais qu'est-ce que j'ai fait au bon Dieu pour que cette chose m'arrive ? » — resurgit sous une forme moderne. Une des conséquences de ces nouvelles situations est donc d'accentuer le poids de la responsabilité individuelle des parents.

Et quel effet vont avoir ces progrès de la prévention sur les handicapés eux-mêmes ? À propos de ces questions d'éthique, on entend rarement la voix des handicapés. Que peuvent-ils penser de ces nouvelles techniques ? « Un tel enfant ne devrait pas exister... » Ce qui, pour l'enfant, se traduit par : « Tu ne devrais pas exister. » Comment vivre avec cela ? Faut-il supprimer tous les enfants atteints d'un bec-de-lièvre ? Il serait intéressant de poser la question aux adultes porteurs de cette anomalie... La position subjective de la personne handicapée est complètement occultée dans ces réflexions. Un exemple récent : le Comité national d'éthique émet un avis défavorable au sujet du dépistage systématique de la trisomie 21 dans les termes suivants : « Une telle décision serait de surcroît ressentie comme un désaveu pour les familles élevant un enfant trisomique[1]. » Le Comité se fait l'écho des positions parentales, mais il n'évoque à aucun moment comment une telle décision peut être ressentie par le trisomique lui-même. Ce qui est remarquable dans ce texte, c'est que le trisomique ne peut être considéré que comme un enfant. Il n'est pas sujet.

1. *Le Monde*, mercredi 23 juin 1993

Un choix impossible

« Il n'a pas choisi de venir au monde » est une phrase qu'on entend souvent. Ce qui revient à dire que ce sont ses parents qui ont fait ce choix pour lui. Et qui doivent en assumer toutes les conséquences. L'idée de suicide apparaît à beaucoup de parents. « Est-ce que je peux faire face à cela ? Je n'en étais pas sûre... L'envie de mourir m'est venue bien des fois. Abandonner cette lutte qui dépassait mes forces. » C'est ainsi qu'une mère formulait cette idée qui est présente inévitablement. Choisir de mourir ; ou choisir de vivre afin de faire vivre cet enfant avec sa souffrance et son anormalité.

Je reviens une fois encore à l'écrivain japonais Kenzaburō Ōé, père d'un enfant handicapé, qui exprime admirablement cette alternative. À ce conflit — assumer ou refuser, vivre ou mourir — Kenzaburō Ōé confère une dimension universelle en établissant une correspondance possible avec d'autres formes de souffrance et d'exclusion. Il raconte qu'il s'est rendu à Hiroshima après la naissance de son fils. « Hiroshima et la naissance de cet enfant sont étroitement liés à ma vie intérieure. Le problème était de savoir si j'étais capable d'accepter cet enfant. J'ai pensé à m'enfuir, à fuir cet enfant. » À Hiroshima, Kenzaburō Ōé rencontre des médecins, eux-mêmes victimes des radiations. Alors que l'un d'eux, ne supportant pas l'atrocité de la maladie, s'est suicidé, un autre de ses collègues a choisi de continuer de vivre et il fut le premier médecin à traiter les victimes. « Je me suis identifié à ce jeune médecin et j'ai décidé d'affronter l'existence de mon enfant. C'est en fonction de ce choix que je me suis remis à écrire. »

Choisir de mourir ou choisir de vivre, donner la vie ou la faire disparaître : la radicalité du choix en énonce l'impossibilité. Choix théorique, alors que la pratique plonge les parents dans un drame qui se caractérise justement par l'absence de choix. En effet, si les idées de mort et de meurtre peuvent se dire assez facilement tant que l'enfant réel n'est pas encore présent, cela devient impossible lorsque l'enfant est là effectivement, avec son handicap. À partir du moment où est établi le lien avec ce bébé abîmé, malade, malformé, mais vivant et sollicitant les soins et l'amour de ses parents, toutes les pensées concernant sa disparition sont refoulées. De la même manière, l'agressivité et le rejet peuvent être formulés par des personnes qui ne sont pas concernées, mais les parents sont à une place où cela devient impossible à dire. C'est une différence fondamentale. Ce décalage entre ceux — les parents — qui y sont confrontés dans leur chair et dans leur sang et ceux — les professionnels, la société — qui se mettent à leur place par empathie ou identification est essentielle. Celui qui se met « à la place de » peut à tout moment choisir de quitter cette place-là. Mais les parents, eux, n'ont pas ce choix.

Dire aux parents « Vous avez le choix » est un leurre pernicieux qui entretient l'illusion d'un effacement possible. Face au malheur que représente l'arrivée d'un enfant handicapé, la seule réaction, dans le cadre de cette idéologie, est d'effacer ce malheur. Ne serait-il pas beaucoup plus important de dire : « Vous n'êtes pas seuls. » En effet, l'attitude spontanée d'une famille face au handicap est le repli honteux, qui aboutit à des situations tragiques de solitude, pouvant se prolonger sur des décennies. La notion de partage social est essentielle à introduire et à promouvoir dans ce domaine, et cela dès le tout début de la vie. Or il me semble que la société met plus d'énergie et que les médias accordent une plus large place à ces questions éthiques qu'à la prise en charge et aux problèmes quotidiens de ces citoyens « pas comme les autres » et de leurs familles. Débattre de la question des techniques médicales de diagnostic prénatal ou de l'euthanasie est tellement plus « médiatique » que d'aborder l'insuffisance des foyers pour personnes handicapées. C'est, encore une fois, une façon de détourner le regard de cette réalité si dérangeante. Et de laisser les parents se débrouiller seuls de cette épreuve, puisque « Ça n'arrive qu'aux autres »...

Conclusion

Il n'y a pas des espèces humaines, il y a une espèce humaine.

Robert ANTELME

Je ne voudrais pas terminer sur de bonnes paroles, qui sont, comme je l'ai montré, des attitudes réactionnelles visant à masquer nos réactions plus profondes, plus complexes et tellement moins avouables. Je ne voudrais pas conclure par « il faudrait » ou « il suffit de » : intégrer, soigner, adapter, développer, et ainsi de suite. J'aimerais montrer pourquoi l'accueil d'un enfant atteint d'un handicap — que ce soit dans sa famille, à la crèche ou dans la société — est si difficile. Il faut analyser les échecs. Il faut s'approcher des limites. Il faut comprendre la peur.

Car la peur est à l'origine du silence, de l'évitement, de la fausse reconnaissance, de l'hypocrisie et des réalisations qui ne se font pas. Ne nous y trompons pas, en effet. Le mouvement spontané face à l'autre — l'autre qui m'inspire horreur et effroi parce qu'il dévoile ma propre altérité — est la peur et le rejet. Toutes les peurs que nous inspire une personne handicapée sont autant de raisons de se détourner de lui.

La tolérance, toujours secondaire, est le fruit d'une longue élaboration, qui implique un travail de pensée et de réflexion. Dans ce domaine, on ne peut d'aucune façon faire confiance à la spontanéité. C'est elle qui engendre les guerres. Le premier mouvement est de supprimer l'autre.

Multiples sont les voies qui mènent à faire disparaître cet autre qui me dérange. De l'oublier, de l'exclure. Il suffit de détourner le regard. Ou de tenir sur lui un certain discours. Ou de le mettre à l'écart derrière les murs de l'asile. Or il existe des murs qui ne sont pas construits en brique, mais édifiés à l'aide de paroles ou de regards.

Il y a des regards qui tuent. Il y a des paroles qui emprisonnent. Il y a des actions sociales qui sont l'expression du mépris : ne pas aménager les villes pour les fauteuils roulants, ne pas assurer aux personnes handicapées des places dans le monde du travail, consacrer les efforts et les financements à la prévention des handicaps et la stérilisation des personnes handicapées plutôt qu'aux structures de soins pour les enfants handicapés ou des foyers d'accueil pour les adultes.

Il y a des bons sentiments qui ne servent qu'à masquer la haine. Car la victimisation est le redoutable sort qui guette tout individu porteur d'un handicap. C'est une stratégie sociale qui consiste à enfermer l'autre dans une position passive, tout en garantissant la bonne conscience de celui qui le désigne ainsi. Réduire les handicapés et leur famille à être les victimes d'un destin malheureux, c'est les destituer de leur statut de sujet sur le plan psychique et les priver de moyens de revendication sur le plan politique. Il ne sera plus possible alors de dégager le sens d'une histoire et d'interpréter la part active de chaque individu dans son devenir. En quoi y est-il pour quelque chose, même si ce destin est lourdement marqué par la fatalité de l'organicité ? Que peut-il en faire, même si le handicap lui-même est déterminé par des causes qui échappent à toute intervention ? Faute de poser ces questions, et d'amener le sujet handicapé à se les poser, il n'est que victime passive, objet de compassion, privé de tout moyen de connaissance et d'action. Il s'agit de saluer en lui ce qui justement échappe à son sort de victime, et qui lui permet d'être semblable aux autres et, au-delà de sa spécificité, ou malgré sa différence, de rejoindre l'humanité dans ce qu'elle a d'identique.

Heureux celui qui peut dire qui il est. Aucun doute ne semble habiter ceux qui définissent ainsi leur identité par des déterminismes et des particularismes liés à leur histoire et leur appartenance. Ils savent ce qu'ils sont, d'où ils viennent et où ils vont. Ou du moins le croient-ils. Affirmation d'une identité qui n'est pas questionnée, ni questionnable, et qui s'énonce en termes catégoriels. Ils connaissent leur père et leur mère, leur patrie et leur langue maternelle. On leur a transmis, ils transmettent. Aucun soupçon quant à la part inconsciente de cette transmission. Aucune fracture dans le fil de la filiation. Aucune fêlure dans le portrait lisse de leurs certitudes. Et pourtant... Est-ce cela être un homme ?

Que faire alors des expériences humaines — et elles sont multiples — dans lesquelles l'identité n'est pas assurée de la sorte ? Celui qui ne connaît pas son père, celui qui parle plusieurs langues sans très bien savoir laquelle est sa langue maternelle, celui qui est exilé, celui qui a une mère blanche et un père noir, celui qui a un père croate et une mère serbe, celui qui n'est ni tutsi ni hutu ou les deux à la fois... On dit d'eux qu'ils ont des « problèmes d'identité ». Il y aurait donc des personnes dont l'identité ne pose pas problème ?

À l'encontre des idées reçues, je dirais que ceux dont l'identité est mal établie ou a été bousculée par les événements familiaux ou historiques sont bien placés pour nous enseigner sur cette question de l'identité. Les étrangers, les exilés, les fous, les poètes et les mystiques. Et les enfants « pas comme les autres ». Ils nous apprennent que l'identité est toujours précaire, paradoxale, contradictoire et multiple. Elle est sans cesse remise en question par les événements et l'histoire. Mais, en même temps, elle est ce qui, dans un être, ne se réduit jamais aux contingences historiques et aux déterminismes sociologiques. La psychanalyse a révélé qu'une part de soi-même est étrangère et restera toujours étrangère. Qui rêve quand je rêve ? La psyché est constituée de champs hétérogènes. Il faut reconnaître cette part d'étrangeté afin d'appréhender l'altérité de nos semblables.

L'altérité de mes semblables : n'est-ce pas une contradiction dans les termes ? m'objectera-t-on. Cependant, c'est bien la leçon que je retire de la rencontre avec des êtres handicapés, déficients ou infirmes, ou les deux à la fois. Évitons de tomber dans le piège de la dichotomie qui oppose le même à l'autre. Personne ne m'est tout à fait semblable, mais personne ne m'est radicalement étranger. Il y a toujours du même *et* de l'autre. Tout être humain m'est à la fois étranger et semblable. « Il n'y a pas des espèces humaines, il y a une espèce humaine. »

Faisons place à la singularité, qui est irréductible aux catégories du même et de l'autre et qui ne se laisse ni intégrer ni exclure. Le singulier de chacun rend compte de son appartenance à l'universel. La singularité est universelle.

Bibliographie

ANTELME R. (1957), *L'Espèce humaine,* Gallimard.

ASSOULY-PIQUET C., BERTHIER-VITOZ F. (1994), *Regards sur le handicap,* Marseille, Hommes et Perspectives, Épi.

AULAGNIER P. (1975), *La Violence de l'interprétation,* Paris, PUF.

AULAGNIER P. (1989), « Se construire un passé », in *Le Narcissisme à l'adolescence,* colloque de Monaco, Paris, Le Centurion.

BADIOU A. (1994), *L'Éthique. Essai sur la conscience du Mal,* coll. « Optiques philosophie », Paris, Hatier.

BATAILLE G. (1956), *Madame Edwarda,* Paris, Pauvert, 1979.

BAUDRILLARD J. (1990), *La Transparence du mal,* Paris, Galilée.

BECKETT S. (1978), *Poèmes,* Minuit.

BELMONT N. (1980), « L'enfant exposé », in *Anthropologie et Sociétés,* vol. 4, n° 2.

BENSOUSSAN P. (1993), « Les yeux de ma petite fille sont plus beaux que les étoiles », in *Psychiatrie française,* n° 3.

BERNOS A. (1989), « La naissance de l'enfant anormal : mythe et fantasme. Approche psychanalytique à partir de contes, croyances et rêves », in *Topique,* n° 43.

BION W. R. (1965), *Transformations,* Paris, PUF, 1982.

BOURDIER P. (1976), « Handicap physique, préjudice, exception », in *Nouvelle Revue de psychanalyse,* n° 13, Gallimard.

Cahiers du nouveau-né, n°s 1 à 8, Stock-Laurence Pernoud.

CANGUILHEM (1962), « La monstruosité et le monstrueux », in *Diogène*, n° 40.

CANGUILHEM (1966), *Le Normal et le Pathologique,* coll. « Quadrige », Paris, PUF, 1991.

CASANOVA A., SALADIN M. (1993), *Sois sage, ô ma douleur,* Paris, Star Film. Durée 65 minutes (cassette vidéo).

CASPAR P. (1994), *Le Peuple des silencieux. Une histoire de la déficience mentale,* Paris, Fleurus.

CLAIR J. (1989), *Méduse,* Paris, Gallimard.

DAYAN M. (1985), *Inconscient et Réalité,* Paris, PUF.

DAYAN M. (1995), *Trauma et Devenir psychique,* ouvrage collectif sous la direction de M. Dayan, Paris, PUF.

DE BARBOT F. (1991), « Les soignants face au handicap d'un enfant », in Gardou C., *Handicaps, handicapés. Le regard interrogé,* Eres.

DÉCANT D. (1987), « Un certain regard, une possible rencontre. Effets de la découverte précoce d'un handicap sur la relation parents-enfant et la structuration du moi », in *Lieux de l'enfance,* n°s 9 et 10, Toulouse, Privat.

DICKINSON E., *Poèmes,* Belin, 1989.

DIEDERICH N. (1990), *Les Naufragés de l'intelligence,* Paris, Syros, Alternatives.

DOLTO F. (1984), *L'Image inconsciente du corps,* Paris, Le Seuil.

DOLTO F., Nasio J. D. (1987), *L'Enfant du miroir,* Paris, Rivages.

ELIADE M. (1963), *Aspects du mythe,* coll. « Folio », Paris, Gallimard.

FERENCZI S. (1932), *Journal clinique,* Paris, Payot,1985.

FERENCZI S. (1933), « Confusion de langue entre les

adultes et l'enfant », in *Psychanalyse,* Tome IV, Paris, Payot, 1982.

FERENCZI S. (1934), « Réflexions sur le traumatisme », in *Psychanalyse,* Tome IV, Paris, Payot, 1984.

FREUD S. (1905), *Trois Essais sur la théorie de la sexualité,* Paris, Gallimard.

FREUD S. (1913), *Totem et Tabou,* Payot.

FREUD S. (1914), « Pour introduire le narcissisme », in *La Vie sexuelle,* Paris, PUF.

FREUD S. (1917), « Deuil et mélancolie », in *Métapsychologie,* Paris, Gallimard.

FREUD S. (1919), « L'inquiétante étrangeté », in *L'Inquiétante Étrangeté et autres essais,* Paris, Gallimard.

GARDOU C. (1991), *Handicaps, handicapés. Le regard interrogé,* Eres.

GAUCHET M. et SWAIN G. (1980), *La Pratique de l'esprit humain,* Paris, Gallimard.

GAUVIN-PIQUARD A., MEIGNIER M. (1993), *La Douleur de l'enfant,* Paris, Calmann-Lévy.

GIAMI A. (1994), « Du handicap comme objet dans l'étude des représentations du handicap », in *Revue sciences sociales et santé,* XII, n° 1.

GIAMI A., HUMBERT-VIVERET C., LAVAL D. (1983), *L'Ange et la Bête. Représentations de la sexualité des handicapés mentaux par les parents et les éducateurs.* Vanves-Paris, CTNERHI-PUF.

GOFFMAN E. (1963), *Stigmate, les usages sociaux des handicaps,* Paris, Minuit, 1975.

JABÈS E. (1984), *Le Livre du dialogue,* Paris, Gallimard.

JARRY A. (1931), « Ubu-Roi », in *Ubu,* coll. « Folio », Paris, Gallimard, 1978.

JULIET C. (1992), *Ce pays du silence,* POL.

KAKFA F. (1915), *La Métamorphose,* GF-Flammarion, 1988.

KENZABURŌ ŌÉ (1964), *Une affaire personnelle,* Paris, Stock, 1968.

KENZABURŌ ŌÉ (1969), *Dites-nous comment survivre à notre folie,* Paris, Gallimard.

KENZABURŌ ŌÉ (1990), *Une existence tranquille,* Paris, Gallimard, 1995.

KIPMAN S. D. (1981), *L'Enfant et les sortilèges de la maladie,* Stock.

KORFF-SAUSSE S. (1993), « Le miroir maléfique. Le vilain petit canard et le cygne merveilleux », in *Psychiatrie française,* n° 3.

KORFF-SAUSSE S. (1994), « Le petit Priape : regards d'une psychanalyste sur Toulouse-Lautrec », in *Topique,* n° 53.

KORFF-SAUSSE S. (1994), « Quand arrive au monde un bébé "pas comme les autres". Conséquences de l'annonce du handicap sur le devenir de l'enfant et de sa famille », in *Revue de médecine psychosomatique*, n° 37/38.

KORFF-SAUSSE S. (1994), « Tout seul, "pas comme les autres" ? », in revue *Contraste. Enfance et Handicap*, n° 1.

KORFF-SAUSSE S. (1995), « Le handicap : figure de l'étrangeté », in *Trauma et Devenir psychique*, sous la direction de M. Dayan, Paris, PUF.

KORFF-SAUSSE S. (1995), « A propos de l'annonce du handicap : le temps et les mots », in *Le Bébé à l'hôpital*, sous la direction de P. Bensoussan, Paris, Syros.

KORFF-SAUSSE S. (1995), « Espoir et patience. Kenzaburō Ōé, prix Nobel de littérature, 1994 », in revue *Contraste*, n° 2.

LAMBERT J. L. (1986), *Handicap mental et Société. Un défi pour l'éducation*, Fribourg (Suisse), DelVal.

LAMBERT J. L., RONDAL J. A. (1979), *Le Mongolisme*, Mardaga.

LANG F., LAPALUS-NETTER G. (1981), « L'histoire irrémédiable de l'enfant infirme moteur cérébral », in *Neuropsychiatrie de l'enfance*, 29 (7).

LAPLANCHE J. (1987), *Nouveaux Fondements pour la psychanalyse*, Paris, PUF.

LÉVI-STRAUSS C. (1977), *L'Identité*, coll. « Quadrige », Paris, PUF.

LÉVY J. (1991), *Le Bébé avec un handicap*, Paris, Le Seuil.

Maître ECKHART, « De la naissance éternelle », in *Sermons-Traités*, Paris, Gallimard, 1942.

MANNONI M. (1964), *L'Enfant arriéré et sa mère*, Paris, Le Seuil.

MICHAUX H. (1949), *La Vie dans les plis*, coll. « Poésie », Paris, Gallimard.

MURPHY R. F. (1987), *Vivre à corps perdu. Le témoignage et le combat d'un anthropologue paralysé*, coll. « Terre humaine », Paris, Plon, 1990.

OLENDER M. (1983), « L'enfant Priape et son phallus », in *Souffrance, Plaisir et Pensée*, Paris, Les Belles Lettres.

OLENDER M. (1991), « Priape à tort et de travers », in *Nouvelle Revue de psychanalyse*, n° 43.

OVIDE, *Les Métamorphoses*, Paris, Garnier-Flammarion, 1966.

RAPOPORT D. (1981), *Enfants en souffrance*, en collaboration avec This B. et Dolto F., Paris, Stock-Laurence Pernoud.

QUENEAU R. (1939), *Zazie dans le métro*, coll. « Folio », Paris, Gallimard, 1972.

RIBAS D. (1992), *Un cri obscur. L'énigme des enfants autistes*, Paris, Calmann-Lévy.

SADE D.A.F. (1795), *La Philosophie dans le boudoir*, 10/18, 1972.

SAUSSE S. (1990), « À l'écoute de l'enfant trisomique 21

et de ses parents. Aspects psychologiques », in *Ann. Pédiatr.*, 37, n° 8.

SAUSSE S. (1990), « Entre douleur et souffrance : du cri à la parole », in *Psychiatrie française*, n° 5.

SOPHOCLE, Ajax, *Théâtre complet*, Garnier-Flammarion, 1964.

STIKER H. J. (1982), *Corps infirmes et sociétés*, Paris, Aubier.

TOURNIER M. (1970), *Le Roi des Aulnes*, coll. « Folio », Paris, Gallimard, 1975.

VERNANT J. P. (1985), *La Mort dans les yeux*, Paris, Hachette.

WINNICOTT D. W. (1971), « Le rôle de miroir de la mère et de la famille », in *Jeu et Réalité*, Paris, Gallimard, 1978.

ZUCMAN E. (1991), « La révélation du handicap : des mots pour le dire », in Gardou C., *Handicaps, Handicapés. Le regard interrogé*, Toulouse, Eres.

On trouvera des publications concernant l'enfant handicapé dans la revue *Contraste-Enfance et Handicap*, Paris, ANECAMSP.

N° 1 (1994) « L'action médico-sociale précoce, hier-aujourd'hui, demain ».

N° 2 (1995) « Intégration/exclusion : les paradoxes ».

N° 3 (1995) « Ailleurs ».

N° 4 (1996) « Filiation et Handicap ».

Table des matières

COLLECTION
LE PASSÉ RECOMPOSÉ
DIRIGÉE PAR JACQUES ANGELERGUES ET YVES MANELA

L'inconscient est hors du temps, il incombe au psychanalyste de l'inscrire aussi dans le temps de chacun.

Francis PASCHE

Profession bébé, Bertrand Cramer, 1989.
Les Adieux à l'enfance, Alain Braconnier, 1990.
Les Premiers Liens, T. Berry Brazelton et Bertrand Cramer, en coédition avec Stock-Laurence Pernoud, 1991.
Oubliés des fées, Françoise Weil-Halpern, 1991.
Un cri obscur, Denys Ribas, 1992.
Journal d'un bébé, Daniel Stern, 1992.
Peter Pan ou l'enfant triste, Kathleen Kelley-Lainé, 1992.
Bébé blues, Pascale Rosfelter, 1993.
La Douleur de l'enfant, Annie Gauvain-Piquard et Michel Meignier, 1993.
Dinosaur Man, Susan Baur, 1993.
Les livres, c'est bon pour les bébés, Marie Bonnafé, 1994.
Neuf mois pour être père, Roger Teboul, 1994.
Les Couleurs du silence, Zerdalia K. S. Dahoun, 1995.
Les Bleus de l'âme, Alain Braconnier, 1995.
L'enfant qui ne disait rien, Laurent Danon-Boileau, 1995.
Secrets de femmes, Bertrand Cramer, 1996.
Les Femmes et les Homosexuels, Virginie Mouseler, 1996.

Cet ouvrage a été imprimé par la
SOCIÉTÉ NOUVELLE FIRMIN-DIDOT
Mesnil-sur-l'Estrée
pour le compte des Éditions Calmann-Lévy
en mars 2000

Imprimé en France
Dépôt légal : mars 2000
N° d'édition : 12951/03 - N° d'impression : 50519